Claire Checcaglini

Bienvenue au Front

Journal d'une infiltrée

Éditions Jacob-Duvernet

À ma grand-mère

À mes parents, ma sœur, mes oncles et tantes, mes quelques amis qui étaient dans la confidence et ceux que j'ai dû malgré moi mettre au courant, qu'ils soient remerciés pour leur écoute et leur silence.

« La bêtise insiste toujours [...]. Nos concitoyens à cet égard étaient comme tout le monde [...]. Ils ne croyaient pas aux fléaux. Le fléau n'est pas à la mesure de l'homme, on se dit donc que le fléau est irréel. C'est un mauvais rêve qui va passer. Mais il ne passe pas toujours et de mauvais rêve en mauvais rêve, ce sont les hommes qui passent et les humanistes en premier lieu parce qu'ils n'ont pas pris leurs précautions. Nos concitoyens n'étaient pas plus coupables que d'autres, ils oubliaient d'être modestes, voilà tout et ils pensaient que tout était encore possible pour eux, ce qui supposait que les fléaux étaient impossibles. »

Albert Camus, *La Peste*

Sommaire

Chapitre 1

Printemps 2011 : préparation de l'infiltration

Un canal de Venise et des musulmans qui se prosternent, la tête immergée ; bilan de la prière : 223 morts. « Celle-ci, elle m'avait fait rire », commentait en mai dernier Sylvain. « C'est moi qui l'ai postée ! » revendiquait même celui qui, des mois durant, sera mon secrétaire départemental. « Un blog doit être nourri quasiment quotidiennement, mais nous n'avons pas tous les jours des articles intéressants, alors nous publions des blagues. » Et la rubrique humour du blog de la fédération FN des Hauts-de-Seine est, en ce printemps 2011, bien fournie. Outre le photo-montage de Venise, se trouve une nouvelle version de *La cigale et la fourmi* avec pour toute morale ces quelques mots : « la maison est squattée par un gang de cafards immigrés. Les cafards organisent un trafic de marijuana et terrorisent la communauté... Le gouvernement se félicite de la diversité multiculturelle de la France ».

De ce multiculturalisme, il est également question dans une vidéo découverte quelques clics plus tard, toujours sur ce même blog. À l'image, David Duke, ex-leader du Ku Klux Klan et négationniste traitant le président également d'« extrémiste juif » : « Sarkozy a clairement énoncé son plan de génocide des Français de souche et de leur nation. Sarkozy projette ouvertement de détruire la race blanche en France. Il exige que les Français se métissent massivement avec des non-Européens. Cela combiné à l'immigration de masse extra-européenne et au taux de naissance élevé extra-européen provoquerait le nettoyage ethnique complet des vrais Français ». Et David Duke de conclure : « notre peuple est peut-être à terre, mais il n'est pas hors combat, il se réveille. Un jour nous reprendrons le contrôle de nos nations. » Des mots qui sonnent comme un appel à tous ceux dont j'allais prochainement faire la connaissance.

Après cette première plongée aussi virtuelle qu'enrichissante dans l'univers que j'avais choisi d'infiltrer, je me décidai à rencontrer en chair et en os l'auteur du blog et les militants. Appel au standard du siège du Front national. « Bonjour monsieur, je souhaiterais adhérer. Peut-on assister à l'une de vos réunions ? » Au bout du fil, le ton reste affable, mais ferme : « Il vaudrait mieux que vous adhériez d'abord. Ensuite, c'est monsieur Blanchard qui prendra la décision. » La marge de négociation n'existe pas. Cette impossibilité de venir ne serait-ce que pour information à une réunion du FN est le premier signe que l'appartenance au Front ne se vit pas comme ailleurs. Je devrai donc montrer patte blanche dès le départ et prendre un autre nom.

Avec la complicité de ma famille, je choisis d'emprunter celui de ma grand-mère : Gabrielle Picard. Le prénom est tout ce qu'il y a de plus chrétien, le nom tout ce qu'il y a de plus français. Par ailleurs, Picard est un patronyme tellement commun que ma nouvelle identité sera intraçable, c'est du moins ce que j'espère, ce sur quoi je compte en tout cas. Désormais Gabrielle n'aura plus 86 ans, mais 35, ainsi qu'un profil sur Facebook et une page sur Copains d'avant, créés pour l'occasion. À compter de mon adhésion, je vivrai donc chaque réunion du FN dans la hantise d'être démasquée. Le seul document faisant foi de mon nom sera la carte bancaire de Gabrielle. Une simple demande de pièces d'identité, et c'est l'ensemble de mon reportage qui pourrait être remis en cause. Mais plus encore, je crains que certaines personnes de mon entourage, que j'ai dû mettre dans le secret, ne sachent pas tenir leur langue. Pour quelques-unes d'entre elles, je n'ai pas eu d'autre choix que de leur expliquer cette immersion, et je n'ai aujourd'hui pas d'autre choix que de leur faire confiance.

Une confiance d'autant plus indispensable qu'au-delà des militants de base je souhaite rencontrer des cadres du parti, et donc gravir quelques échelons, pour approcher le plus possible le fonctionnement quotidien du FN. Les colleurs d'affiches et autres volontaires pour distribuer des tracts sur les marchés partagent-ils les mêmes préoccupations que les responsables du FN ? Poursuivent-ils le même but ? Le discours servi aux militants de base est-il soigneusement édulcoré ? Les messages sont-ils les mêmes selon que l'on soit simple militant ou cadre ? À quel point les militants sont-ils conscients de la nature du parti auquel ils adhèrent ?

Puisque le Front avance masqué, j'avancerai masquée, moi aussi. Je ne fais au fond qu'appliquer les méthodes qui sont les leurs. Militer à l'extrême-droite implique tout un ensemble de non-dits, voire d'interdits, d'où découle cette nécessité d'apparaître comme adhérente du Front. Le discours qui est habituellement servi aux journalistes fait l'objet d'un tel formatage, qu'il est nécessaire de lever cette barrière qui aurait très certainement existé entre eux et moi s'ils connaissaient ma véritable identité. Ils auraient su alors qui mettre en avant, quel message faire passer, quels mots employer, quelles expressions censurer. Je veux supprimer cette distance entre la journaliste que je suis et eux, non pour les blesser, mais pour pouvoir révéler qui ils sont véritablement, pour, au-delà de la caricature, aller au plus près de leur réalité, de leur vérité. Je ne souhaite réhabiliter personne, ne rien édulcorer, ne rien excuser, ne rien justifier, seulement donner à voir comment, qu'ils soient anciens militants ou nouvelles recrues, ils vivent leur adhésion au Front. Outre la dénonciation nécessaire du racisme dont je serai le témoin tout au long de ces mois d'immersion, je veux comprendre le parcours de ceux qui ont choisi cette voie. Comment en sont-ils arrivés aujourd'hui à vouloir se débarrasser des musulmans, à promouvoir la préférence nationale, à croire que les islam complotent pour dominer le monde ? Comment peut-on être membre d'un parti dont on sait par l'Histoire ce que son idéologie peut engendrer ? « Je vais au pays des salauds », avais-je dit au début dc ma plongée frontiste à mon éditeur. De ce pays, je ne reviendrai pas indemne, je le pressens. Déjà, j'ai peur de ce que je vais découvrir, peur de leur violence, de leur bêtise, d'une gentillesse aussi qui pourrait m'émouvoir, m'aveugler, me déstabiliser. Mes armes seront mes mots, mais seront-ils aussi les leurs une fois la vérité dévoilée ?

Enfin, avant même d'effectuer cette plongée dans l'univers FN, au-delà de tracasseries d'ordre matériel, je redoute d'être prise dans une sorte d'ambivalence, trouverais-je au fil des mois quelques personnes dont j'ai toujours exécré l'idéologie, finalement sympathiques ? Puis-je avoir de l'estime personnelle pour ceux dont les idées politiques sont à l'inverse de toutes les valeurs auxquelles je crois ? Durant huit mois, je vais donc aller à la rencontre de personnes qui ne font nullement partie de mon entourage et dont j'ai toujours profondément méprisé, rejeté l'engagement, des personnes que je n'ai pu voir qu'en tant que potentiels dangers pour la démocratie, qu'ils en soient ou non conscients.

Je dois donc, pour paraître en accord avec mes nouvelles convictions, me construire une autre identité, un autre parcours. Pour justifier une éventuelle future prise de responsabilités au sein du Front, je décide de me présenter comme écrivain public. Les avantages de cette profession sont multiples : savoir rédiger légitimera mes demandes pour grimper dans la fédération, être maître de mon emploi du temps me permettra aussi de me libérer pour être souvent aux côtés des militants, même aux heures de bureau. Surtout, puisque je n'appartiendrai à aucune entreprise, je ne serai pas censée connaître tel ou tel collègue.

Autre précaution, pour ne pas être reconnue lors de rassemblements où les médias sont conviés, je change de coiffure et de couleur de cheveux. Me voilà désormais avec une longue chevelure quasi-rousse. Jusqu'à cette immersion, je n'avais jamais enquêté en me réfugiant derrière qui que ce soit. J'avais toujours annoncé qui j'étais, pour qui je travaillais, quel but je poursuivais. Déjà, je redoute le moment où je devrai annoncer à ceux que j'ai observés, interviewés, scrutés, que mon adhésion n'était qu'un leurre, une stratégie pour aller au plus près de la réalité du FN. Et que je les ai donc trompés, trahis, espionnés.

Je prépare mon argumentaire, qui devra être simple. Je dois justifier de ne pas être entrée au Front plus tôt. Gabrielle adhère donc au FN parce que Marine Le Pen a été un déclic. La nouvelle présidente du Front national est jeune, dynamique, elle représente une nouvelle génération en politique, mais surtout ne commet pas les impairs de Jean-Marie. Pour peaufiner les raisons de mon engagement, une amie professeure de lettres qui a exercé en ZEP durant sept ans, m'a fourni quelques anecdotes sur ses anciens élèves. Ce qui m'a toujours été raconté avec bienveillance, humour parfois, mais toujours avec respect et souvent compassion, le sera désormais sans regard compréhensif, désolé ou révolté. Il s'agira juste d'exploiter des histoires vraies. J'utiliserai ainsi celle du petit Mohamed, ancien élève de sixième dont l'un des frères était détenu à Fleury-Mérogis et qui avait dit que « la prison ce n'était pas si mal parce qu'on pouvait regarder la télé toute la journée ». Je note la phrase et rode également mon discours. Je le fais à haute voix, manquant d'aisance, un peu honteuse des futurs propos de Gabrielle et de sa peur de l'islam et des étrangers. Mes quelques années de pratique de théâtre me seront sans doute d'un précieux secours. Serai-je crédible ? Après tout, les discours de l'extrême-droite m'ont souvent paru aussi grotesques que dangereux, l'adhésion de Gabrielle au Front ne devrait donc pas paraître si improbable.

À dix jours de mes premières rencontres frontistes, *Libération* titre : « Comment éviter un nouveau 21 avril ? » et *Le Parisien* : « Vers un nouveau 21 avril ? » Le quotidien publie d'ailleurs un nouveau sondage où Marine Le Pen est donnée au premier tour devant tous les candidats de la droite classique.

Chapitre 2

1er mai : « Raciste et xénophobe, c'est n'importe quoi, je suis anti-musulman ! »

Neuf heures, au pied des marches de l'Opéra, le soleil est radieux, la foule éparpillée sur toute la place. Je participe à mon premier défilé du 1er mai aux côtés des militants du FN. Aux figures quasi-folkloriques du Front – personnes âgées arborant quelques décorations militaires, familles nombreuses toutes de bleu marine, de bleu ciel et d'écossais vêtues – se joignent d'autres manifestants, qui forment la majorité de l'assistance, dont aucun signe ou style vestimentaire ne peut donner d'indication sur leur appartenance sociale ou couleur politique. Parmi eux, quelques-uns de mes futurs « compagnons de route ». Avant de faire leur connaissance, je laisse traîner mes oreilles au hasard de la foule, en prenant soin de ne pas être dans le champ des caméras. « Là, c'était même pas des Arabes, il n'y avait que des Noirs. » Celui qui décrit ainsi un quartier « de Noirs » est enseignant. Blouson de cuir, allure sportive, mince, plutôt petit, l'homme n'a même pas trente ans. Je comprends d'après ses propos qu'il travaille en banlieue et habite Paris.

Un peu en retrait des marches, un homme, la cinquantaine, noue la conversation. « Moi, j'ai un gamin métis, mais je m'en fiche. Je suis pour le FN, j'ai ma carte. Mais, bon, Le Pen, quand il avait dit que les chambres à gaz c'était un détail, c'était n'importe quoi. » J'embraye sur mon supposé engouement pour Marine. Lui aussi pense qu'elle pourra vraiment défendre les couleurs du FN. « Ils [les Arabes] occupent même des postes importants, dans la justice et partout. » Puis il choisit un exemple, pour le moins surprenant. « À La Poste, l'autre jour, il y en avait une qui parlait arabe avec une cliente. Je voyais bien qu'elles s'arrangeaient entre elles. » Et la conclusion de s'imposer pour l'ensemble des guichetiers et autres fonctions à hautes responsabilités : « Ils s'arrangent entre eux de toute façon. » Le complot se joue donc aussi... à La Poste ! Mon interlocuteur aborde un autre sujet sensible, pour lequel « ils » sont toujours servis en premier : le logement. L'homme est toujours aussi brouillon et me fait presque pitié : « Moi, ça fait des années que j'attends un HLM dans Paris ! » Pour abonder dans son sens, je tente de relancer la conversation, prétextant qu'à Marseille que je connais, la situation est encore pire. Aussi surprenant et surtout incohérent que cela puisse paraître, lui m'indique que dans le Sud, « ils [les Arabes] se comportent mieux ». Pourquoi ? Mystère... Avant qu'on ne se quitte, il me lance : « Le FN, on dit que c'est raciste et xénophobe, c'est n'importe quoi, moi je suis juste anti-musulman. » Je le salue et pars méditer cette bonne parole.

Quelques minutes plus tard, avant que le cortège ne s'ébranle, j'engage la conversation avec un autre manifestant. Là, changement de discours et changement de milieu. L'homme est consultant et intervenant à Dauphine et HEC. Blazer bleu marine et casquette, le verbe facile, il ne prononcera aucune parole raciste. Prudent, il refuse d'être adhérent, non pour des raisons idéologiques, simplement pour ne pas figurer sur les fichiers du parti. « Mais j'ai fait passer à Marine un livre que j'ai écrit et j'ai aussi fait des chroniques économiques pour Radio Courtoisie, je prenais alors un pseudonyme. »

— Évidemment, vous seriez au centre ou dans n'importe quel autre parti, ça ne poserait de problème à personne, vous pourriez tout faire sous votre propre identité.

— Bien sûr, ceux qui sont les plus sectaires, de toute façon, ce sont les socialistes. Quand vous êtes à gauche, vous pouvez traiter avec tout le monde.

Je ne bronche pas et lui explique que, contrairement à lui, je souhaite adhérer. Il approuve, puis se renseigne sur mon parcours. Études, profession, je prends soin d'être conforme à mon profil sur Copains d'avant. L'urgence est de changer de sujet ; actualité aidant, j'aborde les récents propos de Robert Ménard et son « j'approuve les électeurs du Front national ».

— C'est très important pour l'image du Front. Ça prouve que les gens commencent à changer. Mais, le problème c'est que Ménard va se faire virer, justement à cause de son courage.

Je me risque : « Oh, s'ils le virent, ils en feront un martyr, au pire ils peuvent changer ses horaires ou bien raccourcir son émission. » J'en ai trop dit. Mon interlocuteur soupçonne que je travaille dans les médias. Je lui assure que non, je m'y intéresse simplement... L'alerte n'est pas très forte, mais il faudra absolument que je me méfie avant tout de moi-même...

Avant de se quitter, il se renseigne :

— Vous êtes venue seule à la manifestation ?

— Oui.

— Appelez-moi, on pourra aller boire un verre un soir.

Tout sourire, il me donne sa carte de visite.

— Vous voulez le pseudonyme, ou le nom véritable ?

— Le nom véritable, vous pouvez me faire confiance...

Alors que je promets une reprise de contact prochaine à mon interlocuteur – jamais revu depuis –, les jeunes du FNJ entonnent à nouveau la Marseillaise après avoir scandé France-Nation-Révolution. Mais combien sont-ils à savoir à quel point l'idéologie du Front national ne peut s'inscrire dans l'héritage de la Révolution française ? Combien sont-ils à comprendre que les symboles utilisés sont en fait dévoyés ? Quelques mètres plus haut, une phrase émanant d'un des « jeunes chanteurs » m'a fait sourire. « On a des drapeaux liberté, mais on n'a pas de slogans avec liberté »... Le slogan sera finalement réduit à sa plus simple expression : « Oh Marine, oh liberté »... Une liberté de ton exploitée plus loin par des militants au langage plus explicite : « Nous sommes tous des mangeurs de cochon », « Bleu, blanc, rouge, la France aux Français » ou encore « PS, SS, parti de l'étranger ».

Dans le groupe de mon département, l'heure n'est pas encore au choix des slogans, mais à la distribution du matériel, pancartes, drapeaux, l'occasion de me présenter à mes nouveaux compagnons. Celle qui me serre chaleureusement la main s'appelle Chantal. Souriante, enthousiaste, la cinquantaine, pour elle aussi ce premier mai est « sa » première manifestation pour le Front national. À peine s'est-elle présentée qu'elle me propose de tenir une bannière aux couleurs de la section départementale du FN. « Évidemment, il faut que vous acceptiez d'être prise en photo par les journalistes. » Je décline l'invitation et fais la connaissance de Loïc, la trentaine, bon chic bon genre. Cette nouvelle recrue a adhéré en janvier 2010, et s'implique désormais beaucoup dans la fédération. Il a récemment dîné chez les Maréchal, des fidèles des Le Pen : « C'était vraiment sympa. » Arrive alors Sylvain B., mon futur secrétaire départemental ; l'homme est affable, dynamique et affairé. J'ai juste le temps de lui exposer mon intention de venir militer dans le département qu'il sort quelques autocollants de son sac à dos et repart aussitôt. « Il est vraiment super ! On a beaucoup de chance d'avoir un secrétaire comme ça ! » Chantal, véritable admiratrice de Sylvain, renoue la conversation, je sens qu'elle a besoin de parler, besoin de contact, comme beaucoup au sein du FN. « Avant j'étais à l'UMP, mais les gens étaient très méprisants, au Front national c'est vraiment différent. C'est très sympathique, vous verrez. Et puis on peut prendre des responsabilités. » Gisèle s'est en effet présentée comme suppléante lors des élections cantonales à Boulogne, quelques semaines seulement après son adhésion. Une preuve de confiance, dont elle a gardé en ce jour de défilé une véritable fierté. Mais je soupçonne très rapidement qu'il aurait été impossible à cette femme de gravir des échelons dans un parti plus fourni en militants formés. Elle se revendique aussi comme catholique. « Au Front, au moins je peux dire que je le suis. »

Tout au long du parcours, une question me taraude : combien sont-ils à savoir vraiment ce que représente la flamme du FN ? Combien sont-ils à décrypter cet emblème, à pouvoir aller au-delà de la simple stratégie de Marine Le Pen et de sa dédiabolisation du parti ? Combien reconnaissent en cette flamme celle du MSI, ce parti italien dont le sigle se lit de deux manières : *Movimento sociale italiano* ou pour les initiés, parti né en 1946, se réclamant du fascisme, ou bien *Mussolini sei immortale* (Mussolini tu es éternel) ? Cette flamme qui n'est autre que le symbole de l'immortalité du *Duce* avait été importée dès la création du Front par Victor Bartélémy, un ancien de la légion Charlemagne. Sans doute sont-ils nombreux à n'y voir qu'un « symbole de foi et d'espérance », mais qui est assurément le signe que le Front n'a bien sûr jamais changé d'idéologie ni logiquement de références...

Dans la foule, j'ai repéré un ami, Antoine, journaliste à France Culture. Il est l'un des rares à être dans la confidence. Nous dînons ensemble, je parle ouvertement de ce que j'ai pu ressentir au cours de cette journée, éprouvante. Cela me fait du bien. Il éclate de rire lorsque je lui cite le « pas xénophobe, pas raciste, juste anti-musulman ».

Chapitre 3

Carte d'adhérent et premier rendez-vous avec un secrétaire départemental ; le complot islamo-pétrolier

Légèrement stressée, je suis en avance au rendez-vous fixé dans un café de Clichy. Tout sourire, Sylvain arrive à l'heure. Mince, les cheveux bruns, en costume cravate, l'homme paraît dynamique et assuré. Nous nous installons légèrement en retrait des autres clients. À peine sommes-nous assis qu'il me remet ma carte d'adhérente. Le pas est franchi, aucune vérification n'est faite, je suis et serai donc jusqu'en janvier 2012 Gabrielle Picard, militante du Front.

Sylvain est bavard, s'exprime avec aisance. Cadre du parti, il appartient au « comité » central qui regroupe les 96 personnes les plus importantes du Front national.

— Alors, dans votre mail, vous disiez que vous réfléchissiez depuis longtemps à cet engagement. Pourquoi vous êtes venue au Front ?

— J'ai déjà voté FN, mais franchement avec Jean-Marie Le Pen je n'aurais pas adhéré. Mais maintenant, c'est différent. Et puis, si j'ai envie de m'engager, il faut que je le fasse cette année pour participer à la campagne.

En bon mariniste, il m'approuve.

— C'est la première fois que vous adhérez à un parti politique ?

— Oui. Et vraiment c'est Marine qui m'a fait adhérer.

Mais, pour Sylvain, l'essentiel n'est pas la personnalité de la présidente du Front : « Parce que les gens en France sont un peu bêtes, ils ne s'intéressent pas aux idées ». Je le rassure, plus encore que Madame Le Pen, c'est le programme du Front qui me convainc. D'ailleurs, au fil de la conversation, je sens un homme qui ne souhaite pas exprimer une colère, envoyer un quelconque signal aux autres partis, mais bien voir le FN conquérir le pouvoir.

Rapidement, il évoque le « problème musulman ». J'affirme à mon tour que l'islam est un danger pour la France, mais je découvre, comme ce sera ensuite le cas à de nombreuses reprises, que mon discours truffé d'énormités sera toujours très en deçà du leur. Je n'ai pas tout l'arsenal extrémiste en bouche, loin de là. Ainsi, j'apprends ce qu'il convient d'appeler un complot islamo-pétrolier.

— Compte tenu des vagues migratoires, de toute façon, il y a eu un accord passé entre les pays de l'OPEP et l'Europe, et en particulier la France. Les pays musulmans nous ont dit : on veut bien vous vendre notre pétrole pas cher mais, en échange, nos populations vont venir s'installer en Europe.

Il a d'ailleurs deux preuves imparables à faire valoir.

« En 1973, l'avortement a été légalisé et ensuite il y a eu la loi autorisant le regroupement familial. »

Je ne vois pas très bien le lien entre tous ces éléments, pourtant, les choses sont limpides. « On a empêché 200 000 petits Français de naître chaque année et, en contrepartie, on a fait venir de la main-d'œuvre immigrée musulmane. » CQFD. Je prends un air entendu face à ce théoricien hors pair dont je découvrirai, les mois passant, qu'il est rarement à cours d'idées et d'analyses... Mon attitude le met à l'aise et mon premier oral se passe d'ailleurs tellement bien que Sylvain, toujours lancé sur « la question musulmane » se lâche : « Et puis il y en a qui pensent à passer vraiment aux actes avec les armes. On peut les comprendre. » À défaut de m'engager dans une démarche compréhensive, je marque tout de même mon étonnement et ma désapprobation. J'ignore à cet instant si Sylvain me teste pour connaître mes intentions réelles, je comprendrai plus tard qu'il n'y avait aucun piège et que mon interlocuteur figure parmi ceux qui pensent au combat armé. En attendant, j'avance que le FN doit et peut gagner par les urnes et qu'il s'agit là des raisons de mon engagement... Sylvain tombe d'accord avec moi, effectivement au Front, il ne s'agit pas de prendre les armes.

Côté médias, mon secrétaire départemental insiste pour que je passe au journal de France 2 qui recherche pour le treize heures des nouvelles militantes séduited par la « nouvelle » ligne politique de Marine. Bien qu'ayant un profil parfaitement compatible, je montre ma réticence. « Professionnellement, ça peut vous poser problème ? » Je reste vague et lui explique que je suis écrivain public.

Sylvain n'a pas la télévision et s'informe par internet essentiellement. « Les journalistes ne sont pas dans leur rôle, ils occupent le rôle que le clergé occupait du temps de l'ancien régime. Ils servent de guide moral au peuple », explique-t-il.

— Mais on sent quand même qu'ils s'intéressent beaucoup à elle.

— Oui, ça évolue doucement. Mais en ce qui concerne pour l'entre-deux tours, là cette fois, on ne pourra pas nous refuser le débat.

Pour Sylvain, que « Marine » soit parmi les deux finalistes ne fait quasiment pas de doute. J'approuve et rajoute qu'en 2002, le refus de Jacques Chirac de faire face à Jean-Marie Le Pen était vraiment un déni de démocratie. » Sylvain acquiesce. Aller dans le sens du FN n'est pas toujours bien compliqué... L'entretien allait néanmoins encore me réserver plus d'une surprise.

Je me renseigne sur la vie militante au Front...

— Vous faites des réunions tous les quinze jours, tous les mois ?

— Non, en fait, il n'y a pas beaucoup de réunions, parce qu'entre nous nous ne convainquons personne. C'est plus efficace de tracter sur les marchés, ou de faire du collage. C'est très important, le collage, insiste-t-il.

Puis, sans même avoir pris le temps de me voir à l'œuvre sur le terrain, Sylvain me propose de prendre des responsabilités : être candidate sur la liste des sénatoriales. « Il suffit juste de présenter un CV et d'envoyer cela à la préfecture. » Il ne précise pas qu'il faut aussi, j'imagine, prouver son identité. Or Gabrielle est selon ses papiers née en... 1926. Il faudra donc que je trouve une parade pour ne pas me retrouver sur une liste ; Sylvain touchait là sans le savoir aux limites que je m'étais fixées pour cette immersion.

Tant pis pour les élections. Qu'à cela ne tienne, mon secrétaire fédéral me propose de prendre en charge le FN pour Neuilly, où le Front n'enregistre que des résultats médiocres. Là, je saute sur l'occasion. Il passe un coup de téléphone à celui qui en était chargé, mais qui n'habite pas la ville. Sylvain préfère les personnes ancrées sur un territoire, on peut le comprendre. Mais il ne me pose aucune question sur mon ancienneté de Neuilléenne, mes éventuelles activités annexes dans la ville, ai-je des enfants qui fréquentent une école municipale, fais-je partie d'une association ? Mon ancrage reste hypothétique. Qu'importe ! Titulaire depuis moins d'une heure et demie d'une carte du FN, me voilà propulsée responsable du parti pour ma ville. Il me donnera donc le fichier de tous les adhérents du secteur...

Après plus d'une heure de discussion, nous nous quittons, ravis l'un et l'autre d'avoir fait connaissance. Le dos tourné, je prends garde de ne pas changer d'expression du visage.

Chapitre 4

Un cadre du FN prêt à la guerre pour la « purification ethnique » de la France

« Certains pensent au combat armé » : Sylvain m'avait fait comprendre qu'il s'agissait de personnes extérieures au Front. Et pourtant, à la lecture d'un article intitulé « Contre l'islamisation la méthode forte », daté du 18 mai 2010 et publié sur le site d'extrême-droite Les quatre vérités.com, le doute n'était plus permis. Sylvain était prêt à déclencher une guerre, en vue d'une « purification ethnique » qui concernerait bientôt l'Europe entière. Toute la logique de l'extrême-droite et son aboutissement meurtrier était décrit en quelques phrases.

Le projet de mon responsable départemental s'articulait autour d'un référendum organisé après « avoir démontré que le vivre-ensemble [...] [était] une utopie vouée à l'échec. Nous serions ainsi appelés à choisir entre deux solutions [...] radicales et opposées.

1. La France cède à l'islam (adaptation systématique de notre loi à la charia), en échange d'une paix durable, quitte à ce que la France devienne une république islamique.

2. L'islam cède à la France (expulsion pure et simple des musulmans de France vers leurs pays d'origine), quitte à provoquer une guerre civile. »

Et Sylvain détaille : « le référendum présente plusieurs avantages :

— Le premier, c'est la légitimité incontestable qu'il donne pour appliquer une politique, puisque c'est le peuple souverain qui s'est directement exprimé.

— Le second, c'est qu'il sera naturellement précédé d'un débat de plusieurs mois au cours duquel pourront s'exprimer toutes les opinions.

— Le troisième, c'est qu'il permettra d'expliquer en long, en large et en travers, les avantages et les inconvénients des deux solutions, en décrivant quelles mesures législatives et exécutives seront prises, et quelles en seront les conséquences à court, long et moyen termes. »

Malgré cette série d'avantages, mon nouveau secrétaire départemental prévoyait tout de même une suite dramatique.

« À n'en pas douter, si aucune précaution n'est prise, les musulmans de France, d'Europe et du monde entier, réagiront très violemment à l'annonce d'un tel référendum, avant même son résultat, bien plus violemment que lors de la publication des caricatures sur Mahomet.

En France, ils manifesteront dans les rues en cassant tout sur leur passage, brûleront tout ce qu'ils pourront dans les banlieues, sortiront les armes de guerre qu'ils cachent dans leurs caves, déclencheront des actes terroristes sur le territoire national, tandis qu'en terre d'islam, ils exécuteront les Français expatriés.

C'est pourquoi la seconde étape sera précédée d'une longue préparation dont le but sera d'éviter, sinon de limiter, ces réactions :

— La France aura expliqué ses intentions aux pays occidentaux, ses alliés, tous confrontés au même problème, et ne lancera le référendum qu'avec le soutien d'États suffisamment nombreux et importants, de façon à éviter un Kosovo français.

— L'armée aura envoyé tous les militaires musulmans sur ses terrains d'action en terre d'islam (Afghanistan, Afrique noire), et aura révoqué tous ceux qui auront refusé de s'y rendre.

— Les Français en terre d'islam (expatriés, diplomates) auront été remplacés, si possible, par des Français musulmans.

— Le gouvernement français aura planifié de déclarer l'état d'urgence et de mobiliser l'armée sur son territoire national dès les premières exactions. »

Et la suite de s'imposer d'elle-même...

« La France se retrouvera donc probablement en guerre civile, mais pas si « civile » que cela, puisqu'elle opposera des Français de souche contre des membres de l'Oumma, qui l'envahissaient avec comme seule arme (mais quelle arme !) leur démographie galopante contre la nôtre, chancelante.

Une guerre n'est jamais agréable et les pacifistes se lèveront pour défendre les musulmans stigmatisés, comme le feront les intellectuels, les médias, les artistes, les religieux, et l'étranger. Mais nous n'avons en fait qu'une seule alternative : soit disparaître, soit combattre. Les règles démographiques nous donnent mathématiquement perdants. Si nous voulons que renaisse notre France, et non qu'elle soit remplacée par une république islamique, nous n'avons d'autre recours que l'éradication de l'islam de notre pays. Or l'islam ne respecte que la force. C'est ce qu'il faudra faire comprendre à une majorité de Français, pendant la campagne référendaire.

Si le référendum est favorable à l'éradication, la France deviendra la cible économique de tout le monde musulman : plus de pétrole, plus de marchés. Mais la préservation de notre identité est à ce prix. C'est pourquoi le soutien d'autres démocraties occidentales sera primordial. Après quoi, ce sont elles qui nous suivront.

« Une guerre civile » : il ne s'agit pas d'une sorte de fantasme non avoué ou à demi-suggéré, les mots sont écrits noir sur blanc, publiés. Le texte ne laisse aucune place à l'ambiguïté. Nul besoin d'interpréter ou de décrypter une quelconque phrase, la méthode est limpide, je me contente donc de la lire avec effroi. Ce dont rêve Sylvain est résumé dans ces quelques lignes. Ce qu'il appellera plus tard, lors de nos entrevues, une colonisation de l'islam doit donc être éradiqué dans le sang, au prix d'un conflit rappelant les heures les plus sombres du siècle dernier. Qui avait lu cet article annonçant au sens propre une guerre civilisationnelle, parmi les adhérents de son département, des adhérents auprès desquels il paraissait si serviable et dévoué ? La préférence nationale permettrait, croyaient la plupart d'entre eux, de récupérer un logement HLM libéré par une famille étrangère ou par une famille musulmane qu'elle soit ou non française, mais aussi de percevoir des allocations plus élevées, d'espérer un emploi pour eux-mêmes ou leurs enfants, de prendre la place de celle ou celui qui avait mieux réussi « bien qu'étant d'origine étrangère »...

Mais aux mesures de discrimination, Sylvain entendait y substituer le combat. Dans quelle mesure Sylvain était-il capable de passer à l'acte ? Je l'ignore. Je sais simplement que le danger existe. Je sais aussi, en découvrant ces mots, que jamais je ne pourrai considérer celui qui m'a ouvert les portes du Front comme un de ces égarés qui se bandent les yeux et ignorent la gravité de leurs propos. Dorénavant, je n'ai plus affaire à un simple cadre d'un parti politique, mais à un quasi idéologue des plus dangereux. Sous des apparences parfois sympathiques, voire chaleureuses, se cache en effet un homme planifiant un conflit islamo-européen. Poli, respectueux de la parole des autres, Sylvain n'en est pas moins un extrémiste, bien loin de la ligne politique affichée par Marine Le Pen, et de sa prétendue normalisation du parti. Pourtant, mon secrétaire départemental figurait aussi parmi les soutiens de celle-ci lors de son élection face à Bruno Gollnisch. Par ailleurs, les instances dirigeantes du parti ne peuvent ignorer les idées et les projets guerriers de Sylvain, ne serait-ce que parce qu'on peut les lire sur internet et aussi dans le prolongement du programme du Front national. Sylvain, ce « militant exemplaire » selon la vice-présidente du FN Marie-Christine Arnautu, avait été nommé – comme chacun de ses homologues départementaux – par le bureau politique du Front, soit la quarantaine de cadres les plus influents du FN. Un choix qui ne peut se faire à la légère, puisque les Hauts-de-Seine comptent près de 800 adhérents, ce qui fait du département le troisième de France après les Bouches-du Rhône et Paris.

Chapitre 5

Mai 2011, banquet de *Rivarol* : « Le score du Front national nous légitimera dans notre combat armé »

Le rendez-vous est donné porte Maillot, d'où un car doit emmener quelques-uns des 310 participants au Château de Villepreux qui accueille chaque année le banquet de *Rivarol*. Je me suis habillée pour la circonstance : j'arbore une médaille de la Vierge, héritée de ma grand-mère, je porte une jupe ni trop longue ni trop courte, rien qui puisse en tout cas me donner une allure « bobo ».

Première rencontre dans le bus. J'écoute d'une oreille attentive la discussion de mes voisins. Principal sujet de conversation : l'affaire DSK. Nul besoin de faire valoir une quelconque présomption d'innocence, il est coupable, aucun doute n'est possible. On critique aussi Anne Sinclair et surtout sa fortune. Les réflexions antisémites fusent. Un homme d'une soixantaine d'année balayant les sujets d'actualité évoque également les déclarations de Lars von Trier à Cannes. « Ça montre bien qu'il y a un malaise en Europe à cause de l'immigration. » Puis arrive la question, banquet de *Rivarol* oblige : « Vous êtes révisionniste ? » C'est par cette interrogation que mon voisin lie connaissance. Je reste vague et déclare être en tout cas intéressée par les interventions de cet après-midi. Il est révisionniste et fier de l'être. Après quelques considérations pseudo-scientifiques sur Auschwitz, nous changeons de sujet et abordons celui de l'avortement. Je suis très étonnée de trouver parmi les participants à ce banquet un défenseur de la loi Veil. En fait, il exècre Bernard Antony, ex-FN et catholique intégriste notoire. « Il faut arrêter avec les opérations anti-avortement, on nous montre du doigt. » Puis il me sonde : « Pour qui allez-vous voter en 2012 ? »

— Je voterai Marine, c'est celle qui est la plus proche de mes idées !

Mais, dans le cercle pro-Gollnisch, le vote pour la présidente du Front n'est pas évident. Mon interlocuteur mettra probablement aussi le bulletin FN dans l'urne, mais à contrecœur. « Wallerand de Saint-Just [porte-parole de la campagne présidentielle] ne vaut rien, Marine est une avocate de bas étage, et elle est bien moins cultivée que son père. Jean-Marie Le Pen, ça n'avait rien à voir ! »

Arrivés à Villepreux, mes voisins s'inquiètent : « il y a vraiment peu de monde ». En fait, nous découvrons un parking un peu plus loin où sont garées de nombreuses voitures. Le banquet est un succès... Avant d'entrer dans le château, nous devons donner notre nom, l'homme qui me précède sort sa carte d'identité. Je feins d'avoir oublié la mienne et me munis de la carte bleue au nom de Gabrielle Picard. Fausse alerte, celui qui deviendra l'un des mes interlocuteurs privilégiés de la journée a fait du zèle, nul besoin de prouver notre identité. Dans la file d'attente, je fais donc la connaissance de Jean-Paul et d'un ancien professeur d'histoire-géo, révoqué pour révisionnisme. Jean-Paul est membre du MNR, vient du centre de la France et est allé soutenir Vincent Reynouard, révisionniste notoire, à son dernier procès. « Il est venu me saluer », m'annonce fièrement mon futur voisin de table. Il y a quelques années, celui qui n'hésitera pas à faire un salut nazi au cours de la journée, avait milité dans les rangs du Front. Mais « Marine m'a viré ». Je sens chez cet ancien adhérent beaucoup de rancœur, même s'il m'avoue qu'il ira tout de même voter pour elle au second tour, si... À ma table, un autre homme a lui aussi été exclu, mais il a réussi à reprendre finalement sa carte tout dernièrement, c'est ce qu'il nous explique non sans une petite fierté.

Après un long *Benedicite* en latin, nous commençons le repas avec pour fond sonore des interventions assez peu variées, c'est de l'antisémitisme à tout va, d'autant que DSK a été arrêté il y a à peine une semaine... Du pain bénit pour mes compagnons d'un jour. « C'est typique des juifs, ils sont des pervers, c'est dans leur nature », m'explique un voisin de table. Vous avez lu les livres d'Hervé Ryssen ? Vous devriez, c'est vraiment très intéressant. Vous verrez, il explique très bien pourquoi les juifs sont tous comme ça. Vous allez tout comprendre. »

Les publications sont bien sûr en vente à quelques mètres de là, les étals sont d'ailleurs fournis. Je récolte quelques brochures au nom évocateur : *Holocauste, les alliés savaient qu'aucun massacre n'était perpétré à l'est*, Com*muniqué sur la [...] condamnation de Mgr Williamson* ou encore *Justice pour l'occupant ! Justice* *pour les collaborateurs !*, signé par Vincent Reynouard. Ce dernier opuscule rend d'ailleurs hommage sur la quatrième de couverture et dans l'introduction au président d'honneur du FN. « Pour avoir déclaré que l'Occupation n'avait pas été particulièrement inhumaine, Jean-Marie Le Pen a suscité un tollé (...) J-M Le Pen a eu raison de tenir de tels propos et qu'il aurait pu formuler un jugement plus positif encore. »... Mon voisin de table préfère investir dans une brochure sur le massacre d'Oradour-sur-Glane égalament écrite par son idole, de révisionniste. Entre deux bouchées, nous est servie « la divine surprise de l'État français du Maréchal Pétain », puis j'apprends qu'Anne Sinclair est censée être un agent du Mossad.

L'orateur s'appelle alors Roger Holeindre, un des fondateurs du FN, parti en janvier 2011, pour cause de divergences stratégiques avec Marine le Pen.

« Ce que l'on a appelé les dérapages était nécessaire », explique aussi un autre participant. Reste que, pour l'un des orateurs, « le score du Front national s'il est élevé légitimera notre combat armé ». Tonnerre d'applaudissements, quelques minutes plus tôt, c'était Robert Spieler, ex-FN et aujourd'hui collaborateur régulier de *Rivarol* et délégué d'un groupuscule d'extrême droite, dont l'exhortation pour une Europe blanche et chrétienne a été très appréciée par mes voisins.

Je me sens prête à craquer et trouve finalement refuge sur une mezzanine, à l'abri des regards, d'où j'écoute le discours de clôture de Vincent Reynouard. Invité vedette du banquet et seul révisionniste à avoir été à ce jour emprisonné, l'homme est accueilli en héros par les lecteurs de *Rivarol*. Extrait : « On continue le combat parce qu'entre cette société et nous, il n'y a rien de commun. Maintenant, il n'est plus question de jouer le jeu de la justice. (...) Sortez vos juges, votre Code pénal, condamnez-moi et je ressortirai avec encore plus de volonté de combattre. Il ne faut pas s'auto-censurer [...], il faut toujours aller plus loin dans la provocation. Au moment où d'autres rentrent dans le rang, moi je déchire les règles du jeu. » Mais celui qui, à demi-mot, vient de fustiger le FN censé « rentrer dans le rang », y fait ensuite référence, regrettant bien sûr toute cette « propagande qui a tourné autour de "le Pen c'est Hilter" pendant quinze jours, entre les deux tours de l'élection présidenteille de 2002. Le mythe de l'Holocauste est leur arme numéro 1. » Puis se lançant dans un face à face imaginaire avec ses juges, il déclare devant une assemblée admirative : « Vous me dites que je suis néonazi ? Pourquoi néo ? Il n'est plus question de refuser d'assumer ces idées ! Allons-y gaiement ! Là où vous voyez des commémorations, moi j'y vois des plaisanteries ! Là où vous voyez de grandes personnes, je vois de sinistres crapules. Je combattrai toujours sans prendre en compte vos lois »... Les applaudissements sont nombreux. L'heure est donc à la mobilisation et, heureusement pour moi, à la clôture de cette journée ou presque, avec au final des appels appuyés aux dons pour les futurs procès. Une caisse a d'ailleurs été mise à disposition à cet effet. Je pense à cet instant avoir vécu l'épisode le plus terrifiant que j'aurais à connaître de cette expérience, il n'en sera qu'un parmi d'autres. En attendant, il me reste à rentrer par le car à Paris. Je retrouve l'adhérent du MNR, ravi de sa journée. Sur le chemin du retour, il m'explique son parcours. Actuellement au chômage, il espère dans les jours qui viennent décrocher un poste de standardiste dans une grande entreprise. « Mais j'ai des lettres, me fait-il remarquer. J'ai fait un DEA de droit et j'aurais bien aimé enseigner à la fac, seulement pour avoir un poste, il faut être pistonné, magouiller. » Il me cite des exemples, des noms. Reste une rancœur, que jamais cet homme n'est parvenu à dépasser, une rancœur devenue une haine ordinaire, mais ressentie comme une persécution au quotidien. Ainsi se lance-t-il dans une brève évocation de l'histoire récente de sa ville et de l'accueil des « *nyaquoués* ». « Dans les années 70, ils sont arrivés en masse et maintenant ils se trouvent bien chez nous, et à Limoges ils occupent tout un quartier ! Vous savez, ce sont les *boat people*. Et puis, il y a aussi ceux de l'autre côté de la Méditerranée, alors évidemment la délinquance. » Il me lance un air entendu, alors même qu'il vient aussi de m'expliquer qu'il est lui aussi multirécidiviste, ayant eu plusieurs fois affaire à la justice, pour ses propos haineux.

Chapitre 6

Les adhérents de Neuilly : « Le Front se vit caché »

Mercredi soir, veille de ma première rencontre avec les militants de Neuilly, coup de téléphone d'une adhérente furieuse : « Vous avez fait une faute grave en envoyant un mail groupé. On ne doit jamais faire ça avec le fichier d'un parti politique, surtout celui du Front national. Adhérer à un parti, ce n'est jamais anodin, encore moins au FN. Vous comprenez, je suis connue sur Neuilly. Didier S., lui aussi, est en colère. C'est un ami de longue date et je ne savais pas qu'il était au Front, je viens de le découvrir. Même quand j'étais responsable, il y a des années, des jeunes RPR dans le XVIe arrondissement, je savais que les listings du parti ne devaient pas être dévoilés. » Je lui présente mes excuses les plus plates et reste tout de même surprise d'avoir déclenché une telle colère, alors qu'il ne s'agissait que d'un mail interne, à savoir une invitation pour une réunion entre adhérents.

J'apprends donc que le Front doit se vivre caché, même vis-à-vis d'autres membres du parti. D'ailleurs, sur les quelque 95 personnes qui figurent sur le fichier, seule une dizaine d'entre elles souhaitera me rencontrer. Ces adhérents sont en majorité des hommes, une petite soixantaine, pour 38 femmes. Sur la quarantaine de noms pour lesquels je dispose d'une première date d'adhésion, je remarque que plus de la moitié ont pris leur carte en 2010, afin de voter lors du congrès de Tours et de choisir entre Bruno Gollnisch et Marine Le Pen, ou en 2011 pour peser sur la campagne. L'âge moyen, établi sur une cinquantaine de noms, est de 64 ans. Quant aux professions indiquées : architecte, président de société, médecin, pilote de ligne, étudiant, secrétaire... Figurent aussi deux professeurs de l'université Paris-Dauphine, dont l'un n'est pas un membre affiché du Front.

Parmi les adhérents qui ont répondu présents, un ancien chirurgien, Bernard, est le premier à s'exprimer. Frontiste depuis de longues années, c'est « Marine » qui l'a fait réadhérer récemment. Mais rapidement il change de sujet : « Et puis je suis automobiliste, et vraiment le gouvernement nous prend pour des vaches à lait. Il y en a marre des radars. » La parole est ensuite donnée à Madame, elle n'a rien à ajouter par rapport à son mari. Très en retrait, elle ne dira rien de toute la conversation. Michel a, lui, une quarantaine d'années, en 2007 il a voté Sarkozy, l'an prochain ce sera « Marine », et ce ne sera pas la première fois qu'il mettra un bulletin FN dans l'urne. Mais, côté militantisme, Michel refuse de s'afficher sur un marché : « Ça me pose problème pour mon travail », annonce-t-il sans donner de précision. Mon tour arrive, j'y vais de mon refrain et déclare donc être convaincue que « Marine » a toutes ses chances pour cette élection, c'est pour cette raison que je viens d'adhérer il y a peu et que je suis particulièrement motivée pour m'investir. Vient ensuite Georges, architecte et ancien militant UMP. Sylvain salue cette conversion : « Il y en a beaucoup qui viennent nous voir, mais ils ne prennent pas leur carte, vous êtes le premier que je rencontre, bravo Monsieur. » C'est le premier à aborder le thème de la nation. « Je ne suis pas extrémiste, je ne suis pas raciste, mais aujourd'hui nous avons un problème d'identité. Et je ne vois que le Front national pour la défendre. » À sa droite, un couple d'une soixantaine d'années, elle est étrangère, je devine à son prénom qu'elle doit être britannique, américaine ou irlandaise. D'emblée, elle précise qu'elle au moins n'a jamais été assistée. À bon entendeur...

Rapidement, je sens qu'il y a comme un fossé entre Sylvain et ces adhérents venus des quartiers huppés. Il propose du tractage, du collage, je m'aperçois vite que la plupart de ces personnes sont très réticentes à s'engager de cette manière. Seul Georges accepte de venir Place du marché le week-end ; je prends note. Je suis curieuse de comprendre comment un homme, ex-UMP, profession libérale, peut s'engager pour la campagne du Front national. En fait, il ne répondra jamais présent aux quelques opérations du Front organisées à Neuilly. Je propose que l'on se réunisse autour de thèmes qui les intéressent et suggère que ceux qui se sentent compétents sur une question nous fassent profiter de leur expérience. Personne ne relève. Je ne comprends pas bien pourquoi ces adhérents se sont déplacés. L'un d'entre eux tient absolument à venir chez moi pour y chercher des tracts. « J'irai chez Gabrielle ». Je n'oppose rien, si ce n'est que de toute manière, jamais aucun militant ne devra franchir le seuil de mon appartement.

Chapitre 7

28 mai, premier tractage : « Pourquoi les gens sont-ils agressifs avec nous ? »

Samedi 28 mai. Je pense à arrêter. Ne suis-je pas arrivée au bout d'une expérience inutile ? Pourquoi se forcer à opiner du chef face à des énormités et des amalgames nauséabonds ? Je m'interroge sur le sens de cette enquête et surtout sur le fait que je me sois, en tout état de cause, mise au service d'une cause que je réprouve. Coup de téléphone à ma sœur qui habite le sud de la France. L'une de ses voisines fait l'objet de remarques racistes de la part d'habitants de son immeuble, le climat est devenu tel que cette femme envisage de déménager. Je raconte à mon tour mes activités.

— Et tu participes à ça ?

Je ne sais quoi répondre et me sens déstabilisée.

Déstabilisée, je l'ai aussi été quelques heures plus tôt quand j'ai distribué pour la première fois des papiers du FN, notamment lorsque des personnes d'origine maghrébine, ne sachant pas de quel parti ou de quelle entreprise il s'agissait, m'ont tendu la main pour obtenir un tract. Sourire crispé, je me suis exécutée sous le regard bienveillant de mes trois camarades frontistes.

Installés chacun sur un petit terre-plein au niveau des machines de paiements, en ce samedi ensoleillé, nous sommes dans un endroit des plus sympathiques pour une opération militante : la sortie d'un parking souterrain à La Défense ! Pour marquer notre présence, l'un des militants, Thierry, a mis sur le bas-côté un panneau à son effigie, reste de la campagne des cantonales. Beaucoup d'automobilistes refusent de prendre notre tract, un homme froisse la feuille ostensiblement, on nous insulte... Thierry enchaîne : « Imbécile ! Ce que les gens sont cons ! »

Une fois l'opération terminée, une militante qui en était presque à courir derrière les voitures s'interroge : « Pourquoi les gens sont-ils aussi agressifs avec nous ? Pourquoi ils nous en veulent ? Ce serait intéressant de savoir. Parce que nous, on a des solutions à proposer. » Gisèle est une militante d'une soixantaine d'années et, bien qu'adhérente depuis longtemps, elle se pose encore des questions avec une sincérité déconcertante. « Le FN est toujours vu comme le parti de Jean-Marie Le Pen. Et Jean-Marie, il a raconté des conneries », explique Sylvain.

Je range le matériel, un panneau et une affiche du Front, agrémenté d'une flamme *new-look*.

— J'aimais mieux celle qu'on avait avant, regrette Gisèle.

À mon échelle, je ne vois pas vraiment la différence et je suis persuadée qu'ils ignorent ce qu'elle représente vraiment. Gisèle sait-elle juste ce qu'est le MSI, et le régime de Mussolini ? À l'écouter quelques minutes plus tard au café, le doute n'est plus permis : Gisèle nous explique qu'elle est convaincue que Martine Aubry « est payée par les Arabes », mais son jugement sur François Hollande est étonnamment beaucoup plus clément. « Je l'aime bien. » Je n'ai pas le temps de lui demander pourquoi, déjà Thierry se demande s'il ne serait pas mieux d'avoir une monarchie absolue, avec des souverains qui soient « éduqués dès leur plus jeune âge dans l'amour de leur pays ».

— Quand je regarde les monarchies de l'Europe du Nord, je me dis que c'est vraiment la démocratie.

Je n'ai pas, contrairement aux propos tenus ce matin, affaire à un de ces catholiques monarchistes tels que le FN en compte toujours dans ses rangs. Aucun héritage familial à chercher qui expliquerait les propos de Thierry.

« Je viens d'une famille de gauche, mais j'ai commencé à militer pour le Front dès que j'ai eu 18 ans », me précise-t-il en arrivant au bistrot. Puis, nous entamons alors une conversation au sujet de l'éviction d'Éric Zemmour de l'émission de France 2 « On n'est pas couché ». Curieusement, Thierry est aussi déçu du renvoi d'Éric Naulleau, pourtant difficilement classable à droite. « Zemmour et Naulleau, eux au moins, ils sont très cultivés, alors qu'il y a des journaleux qui écrivent un ou deux bouquins qui ne se vendent même pas... » Quelques minutes plus tard, attablé avec Gisèle, Thierry revient sur ce mini-remaniement médiatique.

— Il paraît que Nicolas Bedos pourrait venir les remplacer.

— Il est répugnant, précise Gisèle. Thierry approuve.

— Il est comme son père, poursuit la militante de Clichy.

Ce relent de haine qui s'invite dans notre conversation ne m'étonne guère, les principales attaques concernent les musulmans. Des attaques, ou plutôt une simple défense, une défense donc légitime pour mes interlocuteurs, persuadés l'un et l'autre que le Front national est le seul parti qui soit aux côtés du peuple. Les classes populaires, Thierry et Gisèle en font d'ailleurs partie, elle est une ancienne garde-malade à la retraite, lui vend des chaussures et tente une reconversion en tant que toiletteur pour chiens. Gisèle est un exemple hors norme de dévouement à la cause frontiste. Elle m'explique faire du tractage seule, munie de son caddie, plusieurs fois par semaine. Elle me paraît presque courageuse. « Je me suis fait insulter par des bonnes femmes venues de l'autre côté de la Méditerranée, dans un des quartiers HLM. » Consciencieuse, besogneuse, elle passe au Stabilo les rues qu'elle a déjà inondées de tracts et me montre fièrement une partie du plan recouvert de rose fluo. Je recueille son mail et compte lui proposer de venir participer à l'une de ses expéditions. Gisèle est convaincue que les étrangers ont priorité sur les logements, je veux savoir où elle habite et pourquoi cette femme qui, à une autre époque, aurait peut-être fait partie d'une section communiste, qui paraît douce et honnête, vote aujourd'hui pour le Front national.

Chapitre 8

1er juin, réunion des adhérents de Neuilly

« Je soutenais la mémoire du maréchal qui a défendu la France et je regrette que Marine Le Pen ait entrepris de faire le ménage comme elle le fait. »

Le nostalgique du régime de Vichy s'appelle Louis, un octogénaire très courtois. Le vieil homme a pris sa carte au Front en 1972 et avait été un responsable très actif du parti sur le secteur et élu minicipal. Chez cet adhérent historique, la tentative de normalisation du parti ne passe pas, il avait même craint de devoir partir. Également attablé aux cotés de Louis, l'incontournable Sylvain, lui aussi en délicatesse avec les instances dirigeantes du parti. Alors que j'avais envoyé une invitation à près de 90 personnes, nous sommes que trois sur la terrasse d'un café place du marché autour d'un café, d'un panaché et d'une menthe à l'eau. Sylvain, lui aussi, a quelques soucis avec la ligne du parti.

— Je dois passer en commission de discipline prochainement, nous annonce mon responsable départemental.

Le FN lui reproche d'avoir mis en ligne sur le blog du FN du département, le montage photo de Venise et la vidéo de David Duke. Mais plus encore que la diffusion de ces documents, le Front n'admet pas que l'affaire soit parue dans la presse. Ce qu'avait en effet relevé mon confrère était disponible sur la toile depuis des semaines...

« Les Israéliens, eux, refusent le métissage, et on ne leur dit rien, alors que nous, il nous sera imposé et il faudrait qu'on se laisse faire ! Que les gens se métissent, c'est leur affaire, moi je refuse, c'est tout » s'énerve Sylvain, qui poursuit : « J'avais juste mis sur le site une vidéo où l'auteur faisait allusion à un discours de Nicolas Sarkozy. Franchement, il n'y avait vraiment pas de quoi en faire toute une histoire... » Que le blog d'un des responsables nationaux du Front national fasse explicitement référence à une organisation criminelle connue pour avoir procédé à des exécutions racistes aux États-Unis ne doit donc pas poser problème... Mais, quoi qu'il dise, Sylvain semble inquiet, même s'il revendique quelques soutiens parmi la commission de discipline. Au cours de la conversation, il évoque à nouveau le combat armé. Il semble alors proche de la rupture. Et s'il était exclu, entrerait-il dans un mouvement néo-nazi ? Lui qui croit tant en Marine, pourrait-il être exclu par elle pour avoir fait du zèle ? Le dégoût qui s'ensuivrait pourrait-il l'amener vers un engagement encore plus extrême ? Peu probable, mais pas inenvisageable. Le Front permettrait-il donc de limiter le passage à l'acte, à condition de ne pas exclure ceux qui se montrent le plus ouvertement racistes ? Faut-il, pour éviter des actes répréhensibles, canaliser les plus « excités » ou les exclure ? En termes d'image, la réponse est claire... Mais, dans le fond, je sais que si Sylvain était exclu, ce ne serait que pour donner des gages à ceux qui veulent voir ou croire à une normalisation du parti. Et si le Front était vraiment devenu un parti respectable, pourquoi Sylvain était-il encore en place en ce mois de juin alors que ses articles dans les Quatrevérités.com et son blog étaient consultables depuis des semaines, voire des mois ?

Les critiques sur le parti terminées, les élections sénatoriales sont de nouveau sur la table. Sylvain me propose d'être candidate, je refuse une nouvelle fois.

Sylvain s'étonne : « Tu ne veux pas être candidate aux législatives ? »

Je reste évasive, mais envisage éventuellement de donner un accord de principe, la campagne pour le scrutin du mois de juin commençant au printemps 2012, j'aurai d'ici-là bien sûr quitté le Front et révélé mon identité.

Avant d'enfourcher sa moto, Sylvain me propose de prendre en charge également Puteaux, pour trouver enfin des militants motivés, puisqu'à Neuilly il n'y en a pas à part moi. « Ici, les gens n'ont pas de problèmes », me dit d'un ton rageur mon secrétaire fédéral. Pointent alors des accents de colère et de jalousie à l'encontre de ceux qui ne souffrent pas et ne se tournent pas vers le Front national. Aux dernières cantonales, le représentant du FN avait totalisé 8 % des suffrages à Neuilly, contre 14 % pour la candidate frontiste à Puteaux.

Sur le fichier ne figure qu'une cinquantaine de noms à peine mais, cette fois, les adhérents ont mentionné plus volontiers leur situation professionnelle ou personnelle. Postier à la retraite, commercial dans le tourisme, enseignant, père en congé parental, technicien, chef d'entreprise, seuls neuf de ces frontistes ont pris leur carte du temps de la présidence de Jean-Marie Le Pen.

Guy, au contraire, a pris sa carte avant le congrès de Tours afin de pouvoir voter pour Marine. Ce gérant de société d'une cinquantaine d'années refuse de s'afficher pour le Front, affaires obligent. Mais s'il est un adhérent récent, c'est aussi un électeur d'extrême droite de longue date. Se définissant comme « un FN *light* », il en a marre « de toute la racaille des banlieues ». Mais, lui-même marié à une Italienne, il dit ne rien avoir contre « ceux » qui travaillent. Il emploie d'ailleurs des femmes de chambre étrangères avec qui il entretient de bons rapports.

— Je n'ai rien contre ceux qui payent leurs impôts et qui font tout pour s'intégrer, affirme Guy. Face à lui, Sylvain venu m'aider à présenter le Front et à rectifier le cas échéant les dérives des « FN *light* ».

— Enfin, même les musulmans intégrés se réveilleront un jour. Quand ce seront les intégristes qui seront en train de vouloir prendre le pouvoir, les musulmans soi-disant modérés choisiront leurs frères. Ils sentiront que l'islam va gagner, ils sauront dans quel camp aller.

— Ah oui, vous avez raison.

Guy abdique en quelques minutes devant l'aisance et l'assurance de mon secrétaire départemental.

Pas besoin, en revanche, de remettre sur les rails Patrick, adhérent depuis 2002. Comptable menacé de perdre son emploi, ce frontiste n'opte en rien pour un discours édulcoré. D'extrême-droite il est, d'extrême-droite il se revendique. Également marié à une femme étrangère, de nationalité russe, ce père de famille voue une admiration certaine à Poutine et apprécie d'ailleurs le côté autoritaire de Marine.

— Les problèmes de la France remontent à 1789, diagnostique Patrick d'un ton précieux, qui précise venir de l'Action française et être maurrassien. Mais pour l'instant, ce qui préoccupe ce militant, c'est l'éventuelle délocalisation d'une partie de son entreprise aux Philippines.

— Là-bas, pour l'équivalent de mon salaire, ils font travailler 15 personnes. Donc l'équation est simple, s'inquiète Patrick. Comme le dit Marine, il faut un État stratège, donc il va falloir que nous insistions sur le volet social du programme du Front.

Et Patrick souhaite recruter dans tous les partis, pour cela il a déjà expérimenté une méthode particulière : l'entrisme dans les formations de gauche.

— J'allais aux réunions, je discutais avec les gens.

— Et ça a marché ?

Il me soutient que ses démarches ont été efficaces, mais ce que revendique surtout Patrick, c'est d'avoir joué les perturbateurs lors de réunions organisées chez nos adversaires.

— Une fois, et de cela je suis très fier, avec des amis, on a même réussi à décrocher un drapeau européen.

Les « amis » de Patrick appartiennent à l'ARN, l'Alliance de résistance nationale, un groupuscule extrémiste où visiblement ce militant frontiste était content d'avoir pu passer à l'action. L'homme me glace. Il commente les éventuelles sanctions encourues par Sylvain pour son blog : « Mais finalement, qu'est-ce que le racisme ? C'est juste de penser qu'une race est supérieure à une autre.

Ce qui avait servi de base idéologique aux crimes contre l'humanité ne fait nullement réagir Guy, le « *light* ».

En revanche, alors que nous abordons l'intervention télévisée de Marine Le Pen, la veille sur France2, Guy reprend le fil de la conversation. Je précise que notre présidente n'a pas répondu au sujet de la question sur les musulmans dans l'armée.

— On ne va quand même pas faire avec les militaires la même chose qu'avec l'équipe de France, s'exclame le représentant de l'aile « modérée » du Front.

La responsable du secteur que je suis est rassurée, Guy ne s'est finalement pas trompé de famille politique. Une famille en pleine expansion, ce qui ravit Sylvain.

— Autrefois, le FN rassemblait les personnes qui étaient contre les Arabes, les juifs et les pédés. Maintenant Marine ratisse beaucoup plus large, elle s'adresse à tous ceux qui aiment la France.

À la fin de la réunion, deux nouvelles recrues nous rejoignent. Michael, la trentaine, et Francis, la cinquantaine, l'un et l'autre travaillent comme agents à la mairie de Neuilly. Ils parlent peu et semblent de condition modeste.

— Vous seriez d'accord pour tracter à Neuilly ?

Spontanément, ils me répondent par l'affirmative. Sylvain s'inquiète pour eux : « Vous êtes sûrs que cela ne peut pas vous attirer des ennuis ? »

Les deux compères sont hésitants, finalement, ils s'abstiendront de s'afficher sur le marché de la commune qui les emploie. Je les verrai pourtant dans un reportage télévisé sur « Les colleurs du Front » quelques mois plus tard.

Chapitre 9

La vie militante : Gisèle

Il pleut sans discontinuer sur Colombes. Mais ce ne sont pas les conditions météorologiques de cette après-midi de juin qui décourageront Gisèle. « Le *boîtage*, c'est bien entre 7 h et 9 h », m'explique-t-elle. Nous avons néanmoins convenu d'un rendez-vous à 14 h, à la gare RER d'une ville à quelques kilomètres de Paris. Depuis des semaines, Gisèle, armée de son caddie rempli de tracts du FN, arpente rue après rue cette commune dont les habitants appartiennent à la classe moyenne.

Gisèle est ponctuelle, moi aussi. Ne disposant d'aucun véhicule, elle emprunte les transports en commun dont elle connaît par cœur la quasi-totalité des itinéraires.

Assis sur un banc à la sortie de la gare, quelques SDF sont en train de boire, silencieusement. « Mais avec quel argent ils achètent ça ? Ils sont au RMI. Moi, je ne m'achète pas des bouteilles comme ça... » Ils n'agressent personne, ne font pas la quête, n'interpellent aucun passant, mais dérangent Gisèle.

— Tiens, c'est une clé PTT, elle permet d'ouvrir les portes d'entrée des immeubles.

— Merci.

Gisèle a pensé à tout, les tracts sont tous soigneusement pliés dans le caddie. « Je le fais devant la télé le soir ». J'ai affaire à une militante méthodique et appliquée : Gisèle m'explique quel quartier nous devons « *boîter* », je m'exécute et la suis. Sur le chemin des boîtes-aux-lettres, elle m'explique qu'elle habite dans la même commune que Sylvain, Clichy-La Garenne, et qu'elle s'y trouve bien. « Le problème, c'est la couleur de la mairie, elle est socialiste. Le maire donne du travail à tous les immigrés et pas aux Français, c'est un anti-Français. »

Je récupère un tas de tracts. Nous nous partageons la tâche, elle s'occupe d'un côté de la rue, moi de l'autre. À chacune sa méthode, Gisèle, toujours consciencieuse, ne rate aucune boîte, moi, tout aussi sérieusement, suis à l'affût de poubelles à remplir. Elle boîte, je jette... Naturellement, lorsque je ne peux faire autrement, sous le regard de Gisèle, je m'attelle à ma tâche. Si une serrure nous résiste, nous faisons le pied de grue en attendant qu'un habitant de l'immeuble en question nous ouvre. Et si par malheur, après plusieurs minutes d'attente, notre patience n'était pas récompensée, Gisèle retenait quels étaient les bâtiments qui n'avaient pas profité de la propagande frontiste.

Puis, commençant à être copieusement arrosée, je profite de la pluie pour proposer à Gisèle de nous arrêter dans un café. Curieusement, elle ne me pose aucune question et ne prête guère d'attention aux explications que je lui fournis pour justifier ma disponibilité d'un jour. En mal de contact et de reconnaissance, Gisèle n'arrive pas à écouter, mais a trouvé une oreille attentive.

« Cet été, j'aimerais bien travailler, pour compléter un peu ma retraite. Le problème, c'est que les employeurs ne veulent plus des Françaises, ils n'acceptent que les immigrées, qui sont sous-payées. » Le secteur des services à la personne représente pourtant un gisement d'emplois qui ne connaît pas les délocalisations. Reste que son ancienne agence de placement ne lui a en tout cas rien trouvé. « Il y a l'âge et je suis française... » Avec 44 ans de cotisations, Gisèle perçoit une pension de 1 000 euros par mois. « Mais mon dentiste me coûte très cher, mes lunettes aussi. Et, ils ne remboursent rien. »

Je devine chez cette femme une vie dure, une cassure aussi, et surtout beaucoup de solitude. « Mes parents m'ont fait faire une école ménagère, mais ce n'était pas ce que je voulais. Ensuite, j'ai pris des cours du soir en comptabilité, mais j'ai raté le BEP, c'était trop dur. Mais j'ai quand même travaillé 30 ans dans la comptabilité. Et puis, vers 50 ans, je suis tombée malade et j'en ai eu marre des contentieux avec les locataires qui ne payent pas. Alors j'ai démissionné et j'ai ensuite commencé comme garde-malade. » Gisèle a travaillé notamment chez celui qu'elle nomme toujours par son titre : le baron de N. Au cours de notre *boîtage*, je tente de lui faire parler de son expérience chez « des gens de la haute », pour reprendre l'expression de Sylvain. Première réaction : « c'était dur... » Au café, elle précise : « j'ai assuré la fin de vie du baron. » Derrière ses *a priori* racistes, Gisèle me paraît être une personne honnête, sérieuse, consciencieuse. Elle me fait le point sur ses finances, elle a un peu d'argent de côté, mais doit faire attention chaque mois. « Je vais acheter le pain dans tel magasin, plutôt que tel autre... » Que Gisèle ait besoin d'argent, nul doute, mais que cette militante hors pair ait besoin d'un revenu supplémentaire pour faire la campagne ! Je devine qu'elle souhaite aller aux meetings (payants au Front), aux repas de fin d'année et autres activités non gratuites. Que les militants soient bénévoles, cela va de soi, mais contributeurs au point, pour une femme qui perçoit 1 000 euros de retraite par mois, d'aller travailler l'été pour le Front !

Au salon de thé, nous sommes assises à côté d'un groupe de personnes, dont certaines sont d'origine maghrébine. Gisèle m'explique que son baron donnait aux petits frères des pauvres, mais pas à une certaine association dont elle ne se souvient plus du nom. Elle détaille : après un courrier de relance, il leur avait répondu qu'il n'allait pas soutenir des associations qui favorisent l'immigration clandestine. « C'est peut-être la Croix-Rouge », se souvient-elle. Elle n'est plus très sûre, qu'importe. « Ils leur donnent à manger, et rien aux Français. »

Nous parlons aussi de Sylvain et de sa possible sanction. « Moi, si je n'ai plus Sylvain, je ne sais pas comment je vais faire... C'est lui qui vient me déposer les tracts chez moi. » S'il est exclu, Gisèle sera désarmée, désorientée...

— « Marine, elle peut être très dure. Sylvain, il ne faut pas qu'il compte sur ses appuis, dans ces cas-là, entre la chef et lui, ils choisiront la chef. » Je lui fais part de mon sentiment sur cette affaire : « C'est quand même assez hypocrite. Ce qui lui est reproché était lisible sur le site depuis des semaines. Si ça ne leur convenait pas, il fallait le faire savoir tout de suite. »

— Mais, c'est un journaliste qui a alerté Marine. De toute façon, on est espionné.

— Là, ce n'était pas vraiment de l'espionnage, puisque le blog est public.

Gisèle n'en démord pas : « On nous espionne, on veut nous faire du mal. » Sauf que dans le cas présent, les méthodes d'investigation étaient accessibles à n'importe quel internaute.

Chapitre 10

Au siège du Front national : « Les journalistes, ils font des enquêtes »

Le Mont Valérien, symbole des heures les plus sombres de l'histoire contemporaine française, est désormais aussi le nom du quartier qui abrite le siège du Front national. À quelques rues de l'endroit où un millier de résistants parisiens avaient été fusillés par les nazis, travaillent désormais les cadres du FN. Situé dans un environnement résidentiel, « Le Carré », comme le surnomment les frontistes, est un bâtiment moderne de deux étages, grisâtre, que rien ne distingue d'une quelconque entreprise. Dehors, pas un drapeau du parti ne flotte, rien d'ostentatoire, pas même une flamme. Résultat, je reste hésitante sur le trottoir. Un homme qui devait me regarder par une caméra m'interpelle *via* l'interphone : « Madame... »

— Je viens pour la réunion des nouveaux adhérents.

J'entre sous le regard d'une statue de Jeanne d'Arc, toute de son armure vêtue, et découvre la salle de presse, également salle de réunion à l'occasion. Là encore, pas de décorum particulier hormis deux affiches de Marine Le Pen. Les quelque vingt adhérents réunis ne sont pas tous de nouvelles recrues, je reconnais ainsi Gisèle, arrivée en avance, tout endimanchée avec son tailleur bleu marine et soigneusement maquillée. Le pas décidé, toujours très souriant, Sylvain arrive muni d'un sac à dos rempli de bouteilles et de gâteaux apéritif. À côté de mon secrétaire départemental, son adjoint, Christian Maréchal, membre du bureau politique, presque octogénaire, un historique du parti à l'allure débonnaire.

« Qui a déjà milité avant d'être au Front ? », demande Sylvain. Une seule personne lève la main. L'homme, la soixantaine, est en fait franco-suisse et a aussi sa carte à l'Union démocratique du centre, autrement dit l'extrême-droite helvète. Petit malaise du côté de nos secrétaires... Malaise vite dissipé. Sylvain rappelle néanmoins que le Front est contre la double nationalité — d'autant que Marine Le Pen vient de remettre à l'agenda politique cette question *via* une lettre adressée aux députés. « Mais ce qui pose problème, c'est quand il y a un partage entre deux cultures, quand on a un pied de part et d'autre de la Méditerranée », précise le cadre frontiste. Et le secrétaire départemental de poursuivre en nous faisant part de toute son admiration pour le régime « très démocratique » suisse, allusion au référendum d'initiative populaire que le Front national souhaite importer en France. Grâce à ce système, l'UDC avait fait voter en 2009 l'arrêt de la construction des minarets, un résultat obtenu après une campagne d'affichage aux relents nauséabonds, dont le Front s'était directement inspiré pour des affiches en Provence-Alpes-Côte-d'Azur, sur le thème : non à l'islamisme. Le nouvel adhérent est donc, dixit Sylvain, « le bienvenu parmi nous ! »

Je découvre notamment une nouvelle définition de l'écologie politique qui, naïvement, se bornait pour moi à une protection de l'environnement... Que nenni ! Sylvain nous explique que le FN est en quelque sorte un parti en faveur de la nature, et donc de l'écologie puisqu'il met en avant les lois naturelles. À ce titre, il est contre le mariage gay — un sujet en discussion à l'Assemblée nationale ce jour-là. « Je n'ai rien contre les homosexuels. » Les propos restent mesurés, beaucoup plus que lorsque nous étions au café il y a quelques jours, où Sylvain avait précisé que dans les Hauts-de-Seine certains adhérents étaient homosexuels — commentaire : « quelle horreur ! » Personne n'avait évidemment relevé.

Côté écologie, je continue ma découverte du concept au fil de la soirée. Cette fois, c'est Christian Maréchal qui prend la parole pour fustiger tous ceux qui se font le relais des scientifiques ou prétendus tels qui croient au réchauffement climatique. Dans la ligne de mire, les journalistes qui accordent de l'importance à ces inepties... Nous voilà partis pour quelques réflexions de café du commerce. « Et puis ils font des enquêtes ». Dans la bouche de Christian Maréchal, le ton est dédaigneux, il ne s'agit nullement d'un hommage au quatrième pouvoir, mais bien la dénonciation d'une déviance professionnelle, d'une manie, d'une fabrique à faux *scoops*.

Aux côtés de Christian, Sylvain semble assez nerveux. Au détour d'une phrase, il évoque sa probable future sanction, en raison du contenu du blog du FN départemental. « On me reproche des articles à connotation raciste », il mime des guillemets en prononçant ces derniers mots. Gisèle prend un air désolé. Sylvain ajoute qu'il est facile de dériver quand on a des convictions.

Quoi qu'il en soit, la raison pour laquelle les nouveaux adhérents sont ici ce soir, n'est autre que le fonds de commerce du FN depuis son origine : l'immigration, et plus précisément celle venue de l'autre côté de la Méditerranée. Lors de l'exposé sur les idées du FN, les explications sur l'économie ne font guère réagir, en revanche le thème de l'islam remporte un franc succès. Une femme approchant de la soixantaine explique : « Moi, si je me présente pour un emploi et qu'il y a une Noire, ils vont prendre la Noire. » L'assemblée approuve.

« Bien sûr, les immigrés servent à faire baisser les salaires. Nous, les Français, nous ne sommes plus compétitifs et nous employons les étrangers comme si nous étions des esclavagistes, puisqu'ils acceptent de moins bonnes conditions de travail. C'est une concurrence déloyale », renchérit Sylvain.

Pour autant, la compassion vis-à-vis de ces populations exploitées est totalement indécelable dans la suite du discours. Un discours rodé, mon secrétaire départemental nous ressert la théorie du complot islamo-pétrolier, personne ne s'étonne de cette nouvelle lecture de l'histoire des années 70. Mon secrétaire départemental est convaincant et prend plaisir à prendre la parole en public. La conclusion s'impose : « On veut nous imposer le vivre ensemble, mais on nous impose le vivre musulman. »

Des musulmans dont « les gènes et la culture » font qu'ils « laissent traîner leurs enfants jusqu'à pas d'heure », assure un nouvel adhérent. Je sens comme un courant d'air glacial dans le dos. Mais l'ambiance se réchauffe et de récentes recrues prennent sans gêne la parole.

« Ils (les musulmans) sont jusque dans les services de RH, » s'inquiète un jeune homme, la trentaine à peine.

Vincent, anciennement UMP, va plus loin : « Dans une station-service que je connais bien, les Arabes se sont arrangés entre eux pour faire virer le seul Français qui restait dans l'équipe. Il va y avoir des *clashs*, cela ne peut pas durer... »

Pour Vincent, point de doute : « Les Arabes ont commencé leur conquête, premier objectif : les stations-service. » Je pense aux éventuels parallèles à faire avec le complot islamo-pétrolier, on y revient toujours...

À propos de conquête, Claude, un homme d'une soixantaine d'années, militant à Neuilly, nous propose ses lumières, schéma à l'appui. Il nous fait un bref arbre généalogique comparatif entre ce qu'« ils » (les Arabes) font et ce que « nous » (les Français) faisons. « Là, un couple a deux petits, qui font à leur tour deux petits, eux... » Il est interrompu, plusieurs personnes dans la salle mettent en avant la polygamie de certains d'entre eux... Claude ne relève pas et continue : « Eux, ils en font quatre, qui en font quatre et ainsi de suite. » Et Sylvain de conclure : « Invasion oblige, on va connaître une période de conquête comme l'Espagne, il y a quelques siècles. » Les participants ignorent très probablement que le secrétaire départemental des Hauts-de-Seine est alors on ne peut plus sérieux.

La séance est levée. Sylvain et Christian, membres de la commission de discipline, s'éclipsent un instant. Juste avant d'aller boire un verre, mon voisin lance à ceux qui veulent bien l'entendre : « Bon, entre nous, maintenant qu'on n'est plus dans la réunion officielle, on peut le dire. En Corse, ça ne marche pas comme ça. Vous connaissez la Corse ? En Corse, les immigrés, après le travail, ils rentrent chez eux et ils filent, sinon... » Et, tout décomplexé qu'il est, il fait le geste qui imite un pistolet. Avec un secrétaire fédéral qui cite le Ku Klux Klan dans son blog, lui et Sylvain devraient bien se trouver dans les semaines à venir.

Plus posée, Caroline, la quarantaine, sympathique, cette militante semble avoir de l'humour. Dans un autre contexte, elle ferait bonne impression.

— Depuis combien de temps êtes-vous au Front ?

— Je milite depuis l'âge de 18 ans, ma mère votait déjà FN.

Au cours de la conversation, j'utilise quelques-unes des réflexions d'une amie enseignante. Caroline renchérit, sa mère était institutrice, elle avait constaté la même chose, baisse du niveau et impossibilité d'enseigner...

Nous parlons aussi de la difficulté de trouver des candidats pour les élections. Je lui explique que je fais également partie des personnes réticentes.

— En fait, j'attends de voir comment les gens réagissent sur les marchés avant de me lancer.

— Mais, Gabrielle, vous pouvez vous présenter sous votre nom de jeune fille et avec votre deuxième prénom. Moi, c'est ce que je fais.

L'argument est imparable... Mais, de toute façon, pour les sénatoriales, Sylvain a tranché, il a mis d'office Gisèle sur la liste, sans lui demander son autorisation.

— Le problème, c'est quand les gens font faux bond, poursuit Caroline. À Courbevoie, un des candidats aux cantonales s'est retiré au dernier moment en raison des pressions de sa famille. Et pour les municipales, la dernière fois, il avait fallu aller démarcher les petits vieux dans les maisons de retraite.

Avec ce type de pratique, je m'attendais à tout pour les prochains scrutins et allais bientôt comprendre pourquoi mon responsable serait très insistant pour que je porte les couleurs du Front aux prochaines élections législatives.

Chapitre 11
Tractage avec un militant : « Les allocophiles dans les quartiers bougnouleux »

Alors que le rendez-vous initial pour le *boîtage* est fixé à 8 h, je négocie d'arriver à 10 h, pour un service jusqu'à 12 h 30. À peine suis-je arrivée que Caroline doit partir pour se rendre à la messe, missel en main. Nous nous saluons, elle profite d'avoir un livre à rendre à Sébastien pour me le proposer. J'hérite donc de *La chute du Vatican et de Wall Street selon Saint-Jean* de Pierre Jovanovic, un auteur conspirationniste dont je vais découvrir la prose. La pause café consiste en un découpage méticuleux de la ville pour qu'aucune boîte aux lettres du quartier ne puisse échapper à notre passage. D'un ton docte, presque autoritaire, Thierry donne les ordres. Une demi-heure après cette sectorisation quasi militaire de la ville, je me mets en équipe avec Sébastien. Dynamique, la trentaine, l'allure sportive, le verbe facile, ce militant est lui aussi une nouvelle recrue du Front, pour autant il n'est en rien sur une ligne « modérée » du FN. Titulaire d'un CAP de pâtissier, Sébastien est aujourd'hui secrétaire dans un cabinet d'avocats à Paris, mais sur le point de se faire licencier, ce qui ne semble pas trop l'inquiéter. Alors que nous nous connaissons à peine, il critique ouvertement ses patrons. La prudence dans ses propos sur sa situation professionnelle est à la mesure de sa modération dans son discours politique : inexistante. C'est ainsi que j'enrichis mon vocabulaire de deux adjectifs. Allocophile : se dit d'un étranger qui non seulement aime les allocations, mais surtout est irrépressiblement attiré par elles. Durant le trajet qui me mène de la gare de Bois-Colombes à la zone de *boîtage*, j'évoque avec Sébastien un reportage sur Lampedusa.

— De toute façon, les Italiens, ils s'en foutent que les immigrés arrivent à Lampedusa, parce qu'après ils viennent en France.

— Souvent, c'est pour une raison simple, ils sont francophones.

— Mais, surtout, ils sont allocophiles...

— Pardon ?

— Ils sont allocophiles, ils aiment les alloc, les alloc chômage, les alloc familiales. Ils ont raison de venir, on leur donne tout.

J'acquiesce.

Le deuxième mot de la matinée concerne des quartiers à forte concentration de population d'origine étrangère. Nous marchons depuis à peine dix minutes, Sébastien commente, l'air dépité : « C'est un quartier « bougnouleux ». Cette fois, pas besoin de faire répéter.

Si je fais semblant d'approuver la somme de ses affirmations, les termes « bougnoule » et « nègre » n'arriveront tout de même jamais à sortir de ma bouche. Néanmoins, pour donner le change, j'attire l'attention de Sébastien sur quelques femmes portant le voile. « Regarde, là » me lance-t-il ensuite. Là, je suis censée être horrifiée par la vision d'un bus contenant des passagers de couleur, des femmes voilées et quelques très jeunes enfants. Un homme barbu en djellabah entre dans un immeuble, Sébastien me lance un regard entendu. Quelques mètres plus loin, la plupart des personnes sur le trottoir sont noires ou d'origine maghrébine. Commentaire : « Ici, on voyage pour pas cher, et après on dit qu'on est raciste. » La réflexion reviendra plusieurs fois au cours de notre périple en « territoire étranger ». D'ailleurs, si Thierry s'était donné la peine de nous indiquer toutes les rues à faire, dégoûté de ne lire que des noms à consonance étrangère sur les boîtes-aux-lettres, Sébastien renonce à inonder certains immeubles de nos tracts.

— Laisse tomber, t'as lu, Ben machin, que des Maghrébins ! Y a pas un Français ! Là, pareil !

Lorsque nous croisons des habitants, je n'ose pas leur donner le tract en main propre, Sébastien se lance avec une femme rentrant chez elle, de type européen bien sûr. Elle explique calmement qu'elle n'est pas intéressée par les arguments du FN. « Si vous voulez continuer à payer pour les autres », ironise alors Sébastien. « Payer pour les autres » pourrait signifier dans un langage plus républicain : solidarité nationale. À peine le dos tourné, mon compagnon de *boîtage* lui accorde le titre de « conne de la matinée » : il nous en fallait une, c'est fait.

Je n'ose imaginer de quel titre j'hériterai lorsqu'il saura qui est Gabrielle Picard et ce qu'elle a fait des feuilles du FN... À la fin de notre opération, Sébastien se félicite de n'avoir plus que quelques tracts à distribuer et propose de me ramener. Sur le chemin du retour, il évoque son père, un policier à la retraite.

— Pour compléter sa retraite, il est obligé de continuer à travailler, il est vigile.

Je n'en saurai pas plus, car nous rentrons dans les quartiers huppés de Neuilly et Sébastien est aigri de voir cette richesse, cette aisance à laquelle il ne pourra probablement jamais avoir accès. Il rentre à Courbevoie où il partage à trente-deux ans un petit trois pièces avec sa mère.

Chapitre 12

27 juin, repas de fin d'année des militants : « Soyons courtois ! »

Vendredi 24 juin : J-3 avant le repas de fin d'année. Sébastien a été chargé d'organiser la soirée. Après l'amoureux des mots, je découvre l'amoureux du savoir-vivre *via* un courrier intitulé « quelques recommandations pour le dîner du 27 » adressé aux 36 participants de la soirée.

« Chers Amis,

Depuis quelques années, Marine Le Pen se bat pour donner une image respectable du Front national, en essayant de dédiaboliser notre parti pour en faire "un parti comme les autres".

Malgré tout, les préjugés sont encore tenaces, et hier, lorsque je me suis rendu au Bistro Romain pour préparer la soirée de lundi, la directrice de l'établissement m'a fait part de ses inquiétudes, en particulier du fait que certaines de ses serveuses étaient des jeunes filles de couleur. Bien entendu, je lui ai immédiatement répondu que ce genre de préjugés n'était absolument pas conforme avec la réalité, et que cela ne nous posait bien évidemment aucun souci. Toutefois, même si je n'ai aucun doute sur le fait que nous soyons tous des gens parfaitement "sains" et aucunement extrémistes, j'aimerais que lundi soir nous soyons tous particulièrement courtois, respectueux, et agréables avec le personnel du Bistro Romain pour deux raisons principales :

– premièrement, si tout se déroule parfaitement, le Bistro Romain nous renouvellera sa confiance et nous permettra d'organiser de futurs dîners dans son établissement ;

– deuxièmement, parce que le fait que nous donnions une excellente image, que nous montrions que nous sommes des gens charmants et agréables, à l'opposé des préjugés, nous permettra de faire changer les mentalités. Et par bouche à oreille, cela participera à redresser notre image auprès de certaines personnes encore persuadées que nous sommes "le diable".

Je compte sur votre compréhension, et vous souhaite un excellent week-end, dans l'attente de vous retrouver tous lundi soir.

Cordialement,

Sébastien T. »

Le 27 juin, la soirée se passera finalement sans incident, mais je dois tout de même déminer le terrain concernant le paiement : je ne peux pas faire de chèque, l'adresse figurant sur le chéquier de ma grand-mère pourrait éveiller les soupçons. Je ne peux prendre aucun risque. Sans poser de question, Sébastien accepte de faire un chèque pour nous deux, en échange de la somme en liquide. En vue du marché dimanche à Neuilly, je récupère aussi un carton rempli de tracts afin que personne n'ait besoin de passer chez moi avant la fin de la semaine.

L'opération restaurant est un succès, pas une place n'est vacante. Les invités de marque sont Marie-Christine Arnautu, vice-présidente du Front national et responsable de la région Île-de-France et Dominique Martin, délégué général du Front et ex-directeur de campagne de Bruno Gollnisch et de Jean-Marie Le Pen.

À table, je me retrouve face à Sylvain et Chantal, à mes côtés sont assises Caroline et Gisèle. Je profite de la canicule pour refuser toute boisson alcoolisée, qui pourrait altérer l'attention dont il me faut faire preuve pour chacun de mes propos. Cette attention et cette retenue sont loin d'être partagées par mes « nouveaux camarades ». Ainsi, lorsque Sylvain raconte son tractage à Aulnay-sous-Bois dans son bref mot d'accueil, je sens le bloggeur plein d'humour qui pointe.

— Nous étions une quinzaine et nous nous sommes fait molester. Ce sont les syndicalistes de Sud qui nous ont pris nos tracts, qui les ont jetés. Remarquez, Sud, on comprend pourquoi, ils viennent tous du Sud de la Méditerranée.

Rires dans la salle... Sylvain enchaîne sur les prochains rendez-vous du Front, avec une affection toute particulière pour la fête des BBR, Bleu, Blanc, Rouge.

— C'est très sympa, chaque région vient avec ses produits.

— À Puteaux, il faudrait venir avec du couscous ou du tajine, suggère discrètement Guy, qui ricane tout seul.

Et Sylvain de conclure :

— En tout cas, merci à vous tous d'être là. Même si nous n'allons convaincre personne ce soir, c'est aussi important que nous ayons des rendez-vous comme celui-là, pour apprendre à nous connaître, pour sympathiser, on est ensuite plus motivé pour aller sur le terrain. Bon appétit à tous !

Au menu, entre autres sujets : l'islam, encore et toujours, les activités sportives, la laïcité à degré variable, la double nationalité...

— J'ai signé la pétition, annonce fièrement Caroline. Être de nationalité française, c'est devoir allégeance à la France, on ne peut pas devoir allégeance à deux États. Si on entre en guerre, comment feront ceux qui ont deux nationalités ?

— Et pour les militaires musulmans, leur religion leur interdit de tuer d'autres musulmans, ajoute Sylvain.

Je n'ose lui faire remarquer qu'à ceux qui seraient chrétiens, il serait alors impossible, du fait des Dix commandements, de tuer qui que ce soit. Je préfère enchaîner sobrement :

— D'ailleurs, la question des musulmans dans l'armée a été posée lors de l'émission de Marine Le Pen sur France 2.

— Oui, mais alors on sentait que les deux journalistes qui étaient là à la fin de l'émission étaient franchement haineux, précise Floriane.

— Tu veux parler du patron du *Nouvel Obs*, Thierry Joffrin, et de Caroline Fourest ?

— Oui, sans doute, je ne les connais pas.

Une réponse logique somme toute, car Caroline s'informe principalement *via* des journaux ou revues d'extrême-droite, en l'occurrence *Renaissance catholique* et *Nation Presse Info*. Grâce à internet, cette militante ne prend désormais même plus le temps de regarder le 20 h. « Maintenant, on n'en a plus besoin », me précise-t-elle. Ainsi la toile, lui permettant d'accéder en continu à des informations, a-t-elle détourné Floriane de médias non orientés politiquement.

Il lui reste tout de même une autre lucarne sur l'information, municipale cette fois.

— Le maire de La Garenne-Colombes a affiché la nouvelle de la mort du curé sur les panneaux de la ville et évidemment, il y a des crétins à qui ça n'a pas plu, se désole Caroline.

— Mais on sait très bien que la laïcité n'est pas la même pour tout le monde, rappelle Sylvain.

— Tu vois, Sylvain, comparés aux musulmans qui veulent convertir, les juifs, eux, comme ils se considèrent comme un peuple élu, n'ont pas cette mission.

— Je te l'accorde, mais ils veulent tout de même dominer le monde. D'ailleurs, ils sont partout, dans les médias, la banque, la finance...

Caroline en profite pour nous signaler qu'à Neuilly, les juifs ont ouvert un deuxième lieu de culte. Je devine au ton de sa remarque que l'annonce de la construction d'une mosquée n'aurait pas été pire...

Néanmoins, ce retour à Neuilly dans la conversation est l'occasion d'embrayer sur quelques considérations d'ordre plus personnel et de faire également rentrer dans la discussion Gisèle et Chantal, restées jusqu'ici silencieuses. Chantal n'est d'ailleurs pas venue ce soir pour discuter politique, mais pour tenter de recruter quelqu'un qui accepte de prendre des cours de danse avec elle. Aujourd'hui célibataire, cette mère d'une cinquantaine d'années vient de voir partir son fils en province pour ses études, je la sens donc ravie d'avoir eu ce soir une occasion de sortie.

— Gabrielle, ça te dirait de venir faire du rock acrobatique dans le XVIIe à la rentrée ?

— Heu, merci. Je suis désolée, mais je ne suis pas très sportive.

— J'ai proposé aussi à Gisèle de venir.

Je ne sais quoi répondre à Chantal, si ce n'est que je préfère le jogging qui, soit dit en passant, n'oblige pas à connaître qui que ce soit dans un club de sport... Par ailleurs, Gisèle semble plutôt flattée que Chantal ait pensé à elle, mais derrière la femme blessée que j'avais entrevue à Colombes, je perçois aussi ce soir une femme dure.

Sylvain la supplie d'arrêter de donner de l'argent au FN.

— Gisèle, au Front, il y a ceux qui donnent et il y a ceux qui militent. Quand on milite comme tu le fais, c'est déjà très bien. T'as vu le temps que tu passes pour le Front ? »

Réponse de l'intéressée, le poing fermé : « Mais j'ai la haine, j'ai la haine. »

— Mais la haine de quoi ?, demande Sylvain.

Je sais qu'il n'en est pas à son premier verre. Mais là, tout de même, la réponse allait de soi, surtout en remplaçant « la haine de quoi » par « la haine de qui ». Pour la première fois, Gisèle me fait peur. Celle qui me paraissait paumée, leurrée, semble dévoiler une autre nature. À l'inverse, Sylvain fait presque figure de protecteur pour cette femme, dont il sait qu'elle continue de faire quelques heures de repassage pour améliorer sa retraite.

Lui ne semble n'avoir aucun problème financier. J'apprends d'ailleurs ce soir qu'il est Gadz'Arts, autrement dit diplômé des Arts et Métiers. Pourtant, jamais dans l'une de nos conversations Sylvain ne m'a confié qu'il était ingénieur. Officiellement, il est informaticien. A-t-il le statut d'ingénieur ? Si oui, pourquoi préfère-t-il se donner une fonction moins prestigieuse ? L'École des Arts et Métiers figure parmi les grandes écoles d'ingénieurs en France et est connue pour mettre à disposition des étudiants et des anciens élèves un réseau parmi les plus efficaces en matière de recherche d'emploi. Pourquoi cet homme que le chômage aujourd'hui ne menace pas, craint-il à ce point la mondialisation ?

À quelques tables de nous, Dominique Martin s'apprête à prononcer le discours de clôture. Rondouillard, la quarantaine, l'allure joviale, il a la gouaille du bon commerçant et le contact facile. Le front épongé, il commence sa démonstration.

« Notre nation est en danger, par le haut tout d'abord avec la mondialisation et par le bas ensuite puisqu'elle est attaquée par l'islamisation. Nous le constatons tous. »

Les militants boivent ses paroles.

« Au Front national, nous ne sommes ni racistes, ni antisémites. Simplement, il est normal de faire de la discrimination. Je vais vous prendre un exemple très simple : un homme tombe amoureux d'une femme, il fait alors de la discrimination puisqu'il ne choisit pas d'autres femmes. Au restaurant, c'est la même chose, lorsque vous choisissez un menu, vous discriminez en quelque sorte les plats que vous ne commandez pas. » Le discours fait mouche, Dominique Martin est applaudi. Nous passons ensuite à la phase des remerciements appuyés façon

Marie-Christine Arnautu, très chaleureuse. « Si vous avez choisi le Front national, c'est que vous aimez avoir une parole libre. Merci à vous, merci à tous ceux qui nous ont récemment rejoints. » Clap de fin. Je salue les serveuses « de couleur » qui nous remercient chacun de notre venue et repars avec mon carton de bulletins d'adhésion sous le bras.

CHAPITRE 13

ÉCHANGES DE MAILS ENTRE ADHÉRENTS

J'ai fait bonne impression à Caroline. Désormais, nous échangerons quelques mails sur l'actualité et quelques blagues...

Reçu le 29 juin : « C'est un fait : les musulmans ne sont pas heureux. »

« Ils ne sont pas heureux à Gaza,
Ils ne sont pas heureux en Égypte,
Ils ne sont pas heureux en Libye,
Ile ne sont pas heureux au Maroc,
Ils ne sont pas heureux en Tunisie,
Ils ne sont pas heureux en Algérie,
Ils ne sont pas heureux en Irak
Ils ne sont pas heureux en Iran
Ils ne sont pas heureux au Yémen
Ils ne sont pas heureux en Afghanistan
Ils ne sont pas heureux au Pakistan
Ils ne sont pas heureux en Syrie
Ils ne sont pas heureux aux Émirats
Ils ne sont pas heureux au Liban
Ils ne sont pas heureux en Arabie
Ils ne sont pas heureux au Koweït

Et où sont-ils heureux ?
Ils sont heureux en Angleterre
Ils sont heureux en France
Ils sont heureux en Italie
Ils sont heureux en Allemagne
Ils sont heureux en Suède
Ils sont heureux aux USA
Ils sont heureux au Canada
Ils sont heureux en Norvège

En fait, ils sont heureux dans les pays NON musulmans

Qui blâment-ils ?

Pas l'islam...

Pas leurs leaders...

Pas eux-mêmes et surtout pas leur loi (la charia)...

Ils blâment les pays où ils sont heureux !!!...et ils veulent convertir ces pays à l'islam.

En fin de compte les musulmans ne sont pas heureux. »

Quelques semaines plus tard, j'obtiendrai une version de l'islamisation en images *via* une « BD futuriste sur notre France en 2024 ». J'y découvre le portrait de celui qui est censé nous diriger dans une douzaine d'années, l'homme est bien sûr barbu. La caricature est celle du musulman intégriste, évidemment ; l'image ressemble fortement à celle de Ben Laden.

Mais aux messages humoristiques s'ajoutent quelques messages plus informatifs. Je reçois ainsi dans le détail les conditions à remplir pour prétendre à l'ATA, l'Allocation temporaire d'attente. Avec ce commentaire : «Voilà où va notre argent ! Une allocation scandaleuse donnée à n'importe qui, pourvu qu'ils viennent chez nous ! » Puisque je ne dois pas non plus être en reste, je lui envoie un article du *Point*, publié le 22 septembre, concernant une femme intégralement voilée souhaitant se présenter à l'élection présidentielle, sans ajouter de commentaire.

Réponse de Caroline : « J'ai lu la bonne nouvelle sur notre voilée d'Avignon qui part en croisade pour 2012. [...] Finalement, cela fera peut-être prendre conscience aux endormis (= crétins) de citoyens qui ne voient pas la montée de l'islamisation ! En toute logique, s'ils ne veulent pas vivre rapidement au milieu de sacs à charbon ambulants, ils devraient se tourner vers le FN, seul parti qui ose parler d'immigration ! »

Chapitre 14

Universités d'été du FN : « Trois personnes de ma famille sont mortes dans les camps »

La confirmation de mon inscription aux universités d'été du FN m'est parvenue par mail quelques jours avant l'événement. Désormais mon identité picaresque ne devrait plus faire de doute. Le compte de Gabrielle a été débité de 25 euros, seulement. Hormis un dîner, tout est à la charge des participants, l'hébergement, le trajet et les autres repas. Le 9 septembre, je monte donc dans le train de nuit, direction Nice et la PACA, fief historique du Front. Peu avant d'arriver à destination, j'avertis Sylvain que nous avons voyagé dans le même train. Sur le quai, pantalon bleu marine, chemise et blouson de cuir, Sylvain, tout sourire, me fait la bise.

— Bon alors, il est 9 h, on a le temps de prendre un café. Tu n'as pas pris de petit déjeuner ?

Nous sortons de la gare, un bistrot, très ordinaire, se présente à nous. Je suggère que nous en trouvions un qui soit plus près d'Acropolis et plus engageant. Je ne souhaite pas rater le début des débats...

— Et bien, ce sont les femmes qui décident. Avec ma copine, c'est pareil.

J'apprends à cette occasion que Sylvain n'est pas célibataire, ce que j'avais pourtant envisagé compte tenu de son investissement au Front.

— Au fait, finalement tu ne veux pas te présenter pour les législatives ?

Le ton est badin. Je me lance dans un discours inventé de toutes pièces. Plus c'est gros plus ça passe ! Je prends un air désolé et me lance :

— Oh là, tu abordes un sujet qui a fait l'objet d'une véritable crise dans ma famille cet été. Ça a été très pénible. En fait, ma sœur ne comprend absolument pas mon engagement au Front. Elle s'est mise à me faire la morale, enfin tu imagines le discours habituel des anti-FN. Que la fraternité ne signifiait plus rien pour moi. « Si tu te présentes, tu seras une honte pour toute la famille. Les choses sont simples, je ne viendrai plus fêter Noël avec toi chez les parents. » Bref, ça a viré au chantage. Là-dessus, ma mère en a eu les larmes aux yeux.

Je marque un temps d'arrêt, Sylvain semble très attentif, je reprends.

— Finalement, ce que pense ma sœur, peu importe, mais tu comprends, je ne veux pas faire de peine à mes parents. Je ne veux pas les faire souffrir à cause de ma candidature. C'est dommage, parce que quand tu m'en as parlé, je me suis dit : pourquoi pas ? Même si je n'ai aucune expérience, j'aurais bien aimé participer aux formations.

— Mais il y a des hommes dans ta famille, ils n'ont pas leur mot à dire ?

— Pas grand-chose. Mon beau-frère pense comme ma sœur, et mon père était triste pour ma mère.

J'avais prévu le discours pour ma sœur, mais pas pour l'ensemble des membres de famille. C'était oublier un peu vite que si le Front national devait mettre en avant des candidates, parité oblige, il n'en restait pas moins un parti d'extrême-droite avec une vision particulièrement réactionnaire de la place de la femme dans la société. Sylvain insiste :

— Ta sœur, j'aimerais bien la rencontrer.

Impossible d'impliquer ma famille plus qu'elle ne l'est déjà ; ma sœur ne devra sous aucun prétexte rencontrer mon secrétaire départemental.

— Elle n'habite pas en région parisienne et de toute façon elle est bornée !

— C'est vraiment dommage. Elle peut penser ce qu'elle veut, mais ta sœur n'a pas à t'empêcher de te présenter.

Il est temps de souligner une nouvelle fois la tristesse qu'une rupture familiale causerait à mes parents. Et là, stupeur, Sylvain se montre compréhensif et pour cause...

— Gabrielle, tu n'es pas la première pour qui l'engagement au Front est mal compris par ses proches. Pour moi, cela s'est très mal passé. En fait, trois membres de ma famille sont morts en déportation. Mon grand-père était juif et il a épousé une catholique.

J'en ai les jambes coupées, mais parviens par réflexe à continuer de marcher. Sylvain poursuit :

— Les noms figurent sur le Mémorial à Paris.

Mon interlocuteur paraît presque fier de cette reconnaissance. Mais qu'a-t-il retenu de cette Histoire qui est aussi la sienne, celle de son grand-père, de cette barbarie et des origines de celle-ci ? Je reste médusée et laisse Sylvain parler.

— Comme tu le sais peut-être, la droite nationaliste a été associée il a quelques années à ceux qui honoraient la mémoire du maréchal Pétain et donc au régime de Vichy. Alors, mon engagement au Front, ça ne passe pas... Finalement, ceux qui nous parlent comme ta sœur, n'ont pas encore compris ce que nous avons déjà compris.

J'approuve mollement, Sylvain se considère comme un visionnaire, il nous considère, militants FN, comme des visionnaires, lui qui semble n'avoir rien compris à une logique passée qui avait pourtant décimé sa propre famille ! Celui qui préconise un nettoyage ethnique de la France a dans son entourage des victimes de la haine de l'autre. « Ceux qui ne connaissent pas leur histoire, s'exposent à ce qu'elle recommence », écrivait Élie Wiesel, prix Nobel de la Paix et ancien déporté d'Auschwitz. Cette fois, l'ignorance de Sylvain lui avait permis de basculer du côté adverse. Il n'est plus question de réveiller des consciences, d'appeler à la vigilance, mais de se demander comment celui dont la famille a été en partie déportée peut envisager, espérer, planifier une guerre pour se débarrasser des musulmans, comme hier les nazis voulaient exterminer les juifs. Abasourdie, je reprends néanmoins espoir en continuant d'écouter mon secrétaire départemental.

— Mais le fait que des personnes comme ta sœur nous parlent comme ils le font, quelquefois, cela peut quand même nous poser question. Finalement, on peut se demander si ce ne sont pas eux qui ont raison ?

— Oui, peut-être.

J'ai la voix blanche. D'habitude bavarde, je deviens silencieuse, à l'inverse de Sylvain.

— Je comprends pour ta famille, mais tu as toujours le droit de changer d'avis, ajoute-t-il avec un grand sourire.

— Enfin, on trouvera bien quelqu'un pour être candidat sur la circonscription

— Ou bien on présentera une liste incomplète. Pour les municipales, c'est embêtant, parce que s'il nous manque un nom, un seul, la liste est invalidée. Alors que pour les législatives, nous ne sommes pas obligés d'avoir des candidats partout.

À cet instant, la possibilité de n'avoir aucun représentant sur la circonscription qui porte les couleurs du Front était donc envisagée, moi ou personne. Ce serait personne...

Pris par notre conversation, nous nous perdons à plusieurs reprises dans le centre de Nice avant que ne se dessine enfin devant nous Acropolis, ce bâtiment imposant, à l'architecture moderne, qui accueille régulièrement des manifestations du Front. Jean-Marie Le Pen y a tenu une cinquantaine de meetings. Cette fois, c'est sa fille qui est à l'honneur, d'ailleurs ce ne sont pas les universités d'été du FN qui s'y déroulent, mais celles de Marine Le Pen, à en croire les inscriptions à l'entrée et dans la salle principale. De loin, Sylvain et moi apercevons d'ailleurs à l'extérieur d'Acropolis notre présidente en pause cigarette. Sylvain salue sa chef d'un geste de la main, elle lui répond.

— Tu fumes, Gabrielle ?

— Non. Mais Marine, ça s'entend que c'est une fumeuse.

— Ah oui, elle a une voix grave. Dans les débats, c'est très important. Quand elle fait face à Cécile Duflot, elle est beaucoup plus agréable à écouter. Il se met à imiter la dirigeante des Verts et rit.

Nous apercevons enfin l'entrée principale du bâtiment, que nous repérons aux caméras et aux micros qui s'y trouvent.

— Si on te propose une interview, il faut accepter. Même si on dit des bêtises, c'est en faisant qu'on apprend.

Apprenant déjà beaucoup sur le Front ces derniers temps, je décide de refuser poliment l'invitation d'une journaliste que je ne connais pas. Mais je repère aussi une consœur de France Inter qui pourrait me saluer au passage et me démasquer, bien malgré elle. Je me mets dans un coin isolé, et lui laisse un message. « Bonjour Karine, je viens de t'apercevoir à Nice aux universités du FN. Pourrais-tu, si l'on se croise, ne pas me saluer et surtout ne pas prononcer mon prénom. Merci beaucoup ! »

Retour à l'entrée d'Acropolis, Sylvain et moi passons les contrôles sans aucune difficulté. L'hôtesse me demande simplement mon nom, sans même vérifier ma carte d'adhérent. Je récupère mon badge pour le week-end, et me fais mettre un bracelet bleu en plastique, sésame pour la soirée de gala qui, je le découvrirai plus tard, est interdite à la presse, officiellement...

Dans la grande salle, nous retrouvons quelques adhérents des Hauts-de-Seine. Nous ne sommes que cinq à avoir fait le déplacement jusqu'à Nice. Sylvain me présente à Jeanne, une femme quasi-octogénaire, souriante et élégante. Cette commerçante est régulièrement sur les listes du Front, mais sous son nom de jeune fille. Travaillant dans une boutique de parfums à la clientèle cosmopolite, Jeanne y est une employée polyglotte, parlant notamment l'arabe. Régulièrement sur les listes du Front et candidate aux législatives, elle se cache sous son nom de jeune fille depuis des années.

Je fais également la connaissance de Guillaume, lui aussi chargé d'une ville dans le département. Avec Sylvain, nous formerons une sorte de trio durant tout le week-end. La quarantaine, propriétaire d'une agence immobilière, Guillaume est engagé en politique depuis une dizaine d'années, d'abord à l'UDF. Il est désormais un mariniste convaincu de fraîche date. Le verbe et la blague raciste faciles, il semble très l'aise avec les autres. Je devine également qu'il n'a aucun problème d'argent, puisqu'il a préféré aux sièges inclinables de la SNCF ceux d'une compagnie aérienne et, à un petit hôtel, un hébergement plus luxueux. Mais en tant qu'écrivain public, je ne pouvais me permettre des folies, d'autant que j'avais détecté chez Sylvain une aigreur à l'égard des gens riches.

Arrive ensuite un vieil homme en costume blanc et à la démarche encore très alerte. L'entrée de Jean-Marie Le Pen est chaleureusement applaudie, son prénom scandé par les militants. Au bref discours de notre président d'honneur fait suite l'intervention de Bruno Gollnisch sur un « sujet assez révoltant », comme l'annonce le Monsieur Loyal de ces journées : « L'affaiblissement de la démocratie en France ». Dans son introduction, le candidat malheureux à la présidence du FN feint de s'interroger : « Mais qu'est-ce que la démocratie pour nous qui sommes des modérés ? » Et Bruno Gollnisch de poursuivre : « J'avais expliqué un jour à un élu socialiste qui m'accusait de ne pas être démocrate, qu'il me connaissait bien au Conseil régional. Il savait bien que j'étais modéré et que j'étais bien sûr démocrate, mais j'étais modérément démocrate. » La phrase fait son effet parmi les premiers rangs de l'auditoire, qui applaudissent. Dans son compte rendu quelques jours plus tard devant les militants du département, Guillaume, chargé de prendre en notes le premier exposé, ne retranscrira pas le « modérément démocrate », prononcé pourtant à la tribune...

Il expliquera néanmoins avoir découvert un Bruno Gollnisch passionnant. Tandis que Sébastien retient les soi-disant atteintes à la démocratie dénoncées par notre orateur, je relève de mon côté l'hommage rendu à un ancien locataire de la place Beauvau concernant les lois condamnant les propos racistes. « Récemment, au Parlement européen, Brice Hortefeux m'a dit : "je ne voterai pas la levée de votre immunité parlementaire. Je sais moi-même ce que sont ces lois, je trouve cela tout à fait abusif." (…) Je lui ai dit : "mais, Brice, vous avez été vous-même traîné devant un tribunal correctionnel, tout ministre de la République en exercice que vous étiez. Demandez à votre majorité d'abroger ces lois. Qu'un député (...) en séance de nuit à l'Assemblée nationale dépose un amendement (...), il tiendra en trois lignes, et passera en dix minutes." » Outre la récurrente demande de suppression des lois Gayssot et autres textes condamnant le racisme, je trouve dans cet encouragement à un vote en catimini, un grand exemple de modération démocratique…

Après avoir écouté celui qui fut soutenu en interne par les militants issus de l'œuvre française, nous enchaînons avec une table ronde sur les institutions de la Vᵉ.

Je glisse à mon voisin que j'ai faim. Illico, Guillaume se lève et m'incite à quitter la salle où les va-et-vient sont très peu de mise. La plupart des participants à cette université sont en effet très disciplinés et ne désertent pas en plein débat. Notre sortie n'est pas des plus discrètes, ni des plus libératrices pour moi, compte tenu du déjeuner qui s'annonce.

Je fais remarquer à Guillaume que nous aurions pu attendre Sylvain.

— Oh, je pense qu'il va aller déjeuner avec ces amis du comité central.

Je découvrirai au cours de cette université que Marc semble en fait assez isolé, se joignant toujours aux militants du département au moment des repas.

Pour notre premier déjeuner, Guillaume a fait du repérage sur internet, nous trouvons finalement porte close à l'adresse recommandée. Nous nous installons alors sur une terrasse ombragée face à l'entrée d'Acropolis. J'interroge Guillaume, le temps que nous soyons servis.

— Tu es resté longtemps à l'UDF ?

— J'y ai adhéré de 1997 à 2001. Et puis j'ai prêté mon nom pour les législatives à Corinne Lepage contre Santini. Mais je n'ai pas fait campagne. Résultat : 0,85 %.

— Donc ont voté pour toi tes amis et ta famille...

— J'ai fait moins de 400 voix, en étant un candidat fantôme. Et mon compte a été annulé, j'ai été inéligible pendant un an.

Je n'arrive pas à savoir pourquoi, Guillaume enchaîne.

— À l'époque, je passais mon temps au siège de l'UDF et, niveau opportunisme, c'était à vomir. Les gens étaient là pour obtenir un strapontin. Et comme cela n'a jamais été ma tasse de thé, j'en suis sorti avec grand plaisir. Aux municipales à Paris en 2001, on voulait que ce soit Borloo qui se présente, parce qu'il avait vraiment de bonnes idées pour la ville.

— À ce moment-là, quelle que soit la candidature à droite, les Parisiens souhaitaient l'alternance, passer à autre chose après l'époque Tibéri.

— De toute façon, j'ai voté PS au premier et au deuxième tour.

Alors que je digère l'information, Guillaume me demande d'enlever mon badge.

— Parce que si on tombe sur des ennemis, je n'ai pas spécialement envie qu'ils viennent nous cracher dans la soupe.

J'avais en effet bien malgré moi d'ailleurs gardé un affichage frontiste autour du cou.

La table ronde sur les institutions de la Ve ayant pris fin, Sylvain nous appelle afin de ne pas manger seul. La discussion s'oriente alors sur le fameux ralliement dont l'université bruisse depuis quelques heures mais dont personne autour de la table ne connaît encore le nom.

— Marine a donné des pistes sur ce nouveau soutien ?

— Non, me répond Guillaume, mais Collard, je ne pouvais pas le supporter médiatiquement. Et, vu de l'extérieur, si ce sont des gens comme Collard qui incarnent l'élite du FN, ça peut poser problème.

C'est alors que le représentant de l'élite du FN 92 traverse la rue. La conversation se poursuit désormais à trois.

— En dehors de ce type de ralliements, il y a aussi les artistes.

Le fait qu'un chanteur ou un acteur puisse afficher librement ses idées révulse Guillaume.

— C'est scandaleux. Qu'un compositeur, quelqu'un qui sort quelque chose de ses tripes prenne position, passe encore, mais un interprète, un mec comme...

Il cherche, je suggère.

— Pierre Arditi ?

— Aussi, mais je pensais à Torreton. Quand je l'entends, j'ai envie de vomir.

Les propos de Guillaume deviennent ensuite plus confus : « Quand, après la tuerie d'Oslo, le PS demande la dissolution de la droite populaire, alors que les mecs ne sont même pas au FN, on ne peut pas leur dire : vous n'êtes pas républicains. On est vraiment dans l'amalgame complet ! »

Outre un rejet des personnalités de gauche, alors que lui-même avait donné sa voix aux socialistes il y a quelques années, je note cette remarque sur l'aile droite de l'UMP : « On ne peut pas leur dire : vous n'êtes pas républicains. » Cela voulait-il dire qu'on pouvait le traiter, lui, d'antirépublicain ? En fait, Guillaume n'assume pas franchement son appartenance à l'extrême-droite. Jamais je ne remarquerai au fil de nos échanges un double discours qui laisserait à penser que ce militant soit pleinement conscient de ce qu'il défend. Concernant le massacre en Norvège, il préfère en tout cas retenir les déclarations d'Harlem Désir plutôt que celles de son président d'honneur.

Jean-Marie Le Pen avait en effet estimé que, dans cette affaire, le plus grave était « la naïveté du gouvernement norvégien » qui n'avait pas « pris la mesure du danger que [représentait] l'immigration massive ». Mais ce n'est pas le numéro un historique du Front qui a fait adhérer Guillaume, c'est sa fille. Cet ancien directeur de cabinet d'un maire de droite d'une petite commune de la région parisienne semble avoir été dégoûté du « système ».

— C'était *combinazione* et compagnie, dénonce-t-il désormais.

Après cette première expérience politique, Guillaume se lance dans l'immobilier, puis au Front national. Sylvain semble intéressé, lui qui loue deux appartements et s'apprête à en acquérir un troisième.

— Tu vends combien d'appartements par an ?

— Entre 30 et 40.

— Mais alors, tu n'arrêtes pas de faire visiter ?

— Non, je vends, je dors, je milite à Boulogne-Billancourt, mais je ne suis pas guide touristique. Donc, je fais très peu de visites ; en revanche, je cible très bien.

Commence un long monologue, je lutte contre le sommeil au milieu des chiffres donnés par Guillaume, bientôt arrivent les assiettes et l'épineux sujet du logement social. Nous avons notre plat de résistance.

Guillaume poursuit :

— Si on a la chance d'avoir un logement social, c'est une épée de Damoclès qui disparaît. Les micro-loyers, c'est à vomir. La vraie distorsion, elle est là. Pour une location, le proprio se barde de garanties. Quelqu'un qui décide de ne plus payer, et c'est au minimum deux ans de procédure qui commencent.

Ma mère a eu des problèmes avec un locataire. Elle avait une chambre de service de neuf mètres carrés. On a eu une tripotée de cas sociaux. Un type, Slimam ben merguez, nous a vraiment arraché les larmes des yeux. Il nous a expliqué qu'il était travailleur, qu'il ne voulait pas être assimilé à tous ces jeunes qui ne font rien. Bref, il nous a empapaouté et n'a jamais versé de loyer jusqu'au jour où on a réussi à joindre le grand frère. Là, j'ai vu la 405 arriver, avec la mère voilée, la fille voilée, le père pas méchant et s'excusant platement. En fait, son fils était au chômage. Les parents se saignaient aux quatre veines pour lui donner un peu d'argent. Et, une nuit sur deux, il la passait au poste...

Le racisme de Guillaume vient-il en partie de cette malheureuse histoire ? Elle a en tout cas contribué aux prises de position actuelles de cet agent immobilier, désormais résolu à défendre la cause des mal-logés sous certaines conditions...

— Je connais une mère célibataire divorcée qui gagne 1 800 euros et quelque par mois. Elle sera normalement à la rue le 1er septembre. Elle ne peut prétendre à 600 euros de loyer. À Boulogne, t'as un studio pour ce prix-là. Cette femme avec ses deux petites filles blondes aux yeux bleus, elle ne peut pas habiter dans 20 m^2 ! Elle est allée se renseigner pour l'attribution d'un HLM, on lui a ri au nez. Rien qu'au coin de ma rue, il y a un grand immeuble de logements sociaux dont 10 % des appartements sont vides, ils sont réservés aux cas d'urgence. Des sans-papiers, un hôtel qui brûle et il faut reloger. Monsieur Bongolo arrive avec ses dix gamins et voilà. On ne peut pas dire dans les médias, une semaine après, qu'il n'y a pas de solution. Donc, cette femme, je l'ai invitée à notre prochaine réunion à Boulogne. Elle n'est pas militante et elle m'a dit : « À la base, je ne suis pas islamophobe, mais quand je vois ce qui se passe, ces gens-là n'ont pas à être prioritaires sur nous. » Elle ne prendra peut-être pas sa carte dès la première réunion, mais ce genre de personnes, on peut les faire venir au Front pour qu'ils s'aperçoivent qu'ils ne sont pas seuls. Il faut leur parler de façon apaisée, sans employer de gros mots...

Le Front venait donc certainement de gagner une électrice. La crise du logement, la détresse de cette femme et l'accueil « sans gros mots » allaient sûrement faire d'elle une nouvelle recrue, ce dont Sylvain se réjouissait. Mon secrétaire département reprend alors la main et revient sur les interventions matinales.

— Ce serait intéressant de créer une télévision qui soit en accord avec nos idées, comme cela a été proposé.

— Non, il faut noyauter davantage les médias existants, préconise Guillaume. Parce que si tu rajoutes une chaîne et qu'elle est estampillée FN, on ne s'adressera qu'aux personnes déjà convaincues. Quelqu'un comme Zemmour, qui a pris la parole dans le vacarme assourdissant de la gauche, même s'il n'est pas FN, remue des idées et des thématiques qui nous sont proches. Plus il y aura des Zemmour, plus les gens se poseront les bonnes questions.

Encore une fois, le journaliste du *Figaro Magazine* apparaît comme une figure courageuse dans cet univers médiatique toujours décrié. Le site d'extrême-droite, directement lié au Front, Nation-Presse Info affiche d'ailleurs sur sa page d'accueil une rubrique qui compile toutes les chroniques d'Éric Zemmour.

Guillaume aurait donc pu faire fi de l'image des dirigeants du FN que lui renvoyaient les autres « journalistes du système ». Il n'en était rien, bien au contraire. Sur Bruno Gollnisch, nulle réflexion sur les différences de stratégie entre lui et l'actuelle présidente du FN, sur le fait que *Rivarol* soutienne cet ancien dauphin de Jean-Marie Le Pen.

— Quand je voyais Bruno Gollnisch, lors de la campagne interne entre lui et Marine, je me disais qu'il n'avait aucune chance de l'emporter. Ce type, il est gris sur gris.

— Pourtant, il peut aussi avoir de l'humour, il est d'ailleurs fort sympathique et plus abordable que Marine, fait valoir Sylvain. Lui, il fera plus volontiers le tour des tables lors d'une soirée en serrant les mains. Simplement, Marine, elle sature. Beaucoup de gens veulent la rencontrer. Et puis le problème est que les médias ne veulent qu'elle.

Le repas s'achève, Sylvain nous propose de faire une photo pour son blog.

— J'avais mis des documents en ligne sur le site et je me suis fait taper sur les doigts, alors on m'a conseillé de mettre plutôt en avant la vie du FN 92, m'explique Sylvain.

Une fois la vie militante immortalisée, nous rejoignons la salle pour une après-midi de conférences.

Guillaume passe son temps sur son smartphone. Lassé des débats, il quitte la salle avant que David Mascré, nouvelle recrue du bureau politique du Front, ne tente de nous démontrer combien le multiculturalisme est un poison pour nos sociétés.

Après une heure d'un discours ampoulé censé nous convaincre des dangers de ce « modèle vénéneux » venu d'outre-Atlantique, je quitte Acropolis, direction mon hôtel. Opération : changement vestimentaire. Ma tenue de gala n'a rien de très élégant à côté des autres robes.

De retour à Acropolis, je retrouve Sylvain, Jeanne et Alain, la quarantaine, baraqué et également militant du FN92.

— Lui, ce n'est pas sa sœur, mais sa femme qui l'empêche de se présenter aux législatives, m'annonce Sylvain.

Je suggère en souriant qu'on peut éventuellement passer à un autre sujet, Sylvain insiste :

— Parce que chez Gabrielle, si elle se présente, il y aura de l'ambiance à Noël. Mais, en fait, ce sera comme ça la première année, ensuite tu verras, ça passera.

— Moi, je ne me présente pas à cause de mes enfants, ils sont encore jeunes, explique Alain. Et vous, Gabrielle, vous avez des enfants, vous êtes mariée ?

— En fait, je suis séparée et je n'ai pas eu d'enfant.

Fermez le ban. Aucune question ne me sera plus posée sur ma situation familiale.

Dans la salle, Guillaume est déjà attablé. Je me retrouve assise entre l'agent immobilier de Boulogne et un militant venu s'incruster à notre table.

L'inconnu est médecin dans l'Est de la France, mais a été candidat du Front en région parisienne. Score annoncé : 33 %.

— Je viens de Paris, ma famille était une famille de Russes blancs, nous vivions à Auteuil dans le XVIe arrondissement, explique Jacques Kotoujansky.

La discussion commence sans trop de débordements.

— La conversation que j'ai eue avec le chauffeur de taxi en venant était très intéressante. Il était pour le maintien de l'euro, mais les gens sont bêtes, ils ne comprennent rien aux problèmes économiques. Par contre, il était d'accord avec Marine sur l'immigration et sur l'islam.

L'homme parle avec beaucoup d'aisance et devient rapidement impossible à interrompre.

— En ce week-end anniversaire des attentats du 11 septembre, il serait intéressant que Marine évoque les attaques du World Trade Center. Ce qui a été raconté sur ces attentats, c'est n'importe quoi, Thierry Meyssan l'explique très bien. Les tours ont été détruites par des avions téléguidés. De toute façon, des pilotes qui ne sont pas des professionnels ne pouvaient pas rentrer dans ces tours. Elles étaient minées par de l'explosif, c'est pour ça qu'elles se sont effondrées.

Sylvain semble sceptique, Alain proteste :

— Non, c'est impossible, impossible. Je suis pilote et je peux vous assurer que les tours ont été détruites par les avions.

— Mais c'est faux, Thierry Meyssan le dit très bien : ils ont retrouvé des traces de résidus d'explosifs. De toute façon, Ben Laden, le 11 septembre, il était mort. Il avait depuis longtemps de problèmes rénaux et sans dialyse plusieurs fois par semaine, vous mourez. Je le sais, je suis médecin. Le 11 septembre, c'est un complot des services secrets américains.

Lucie se tait, je suis au spectacle, Sylvain semble un peu dépassé, mais se risque tout de même :

— De toute façon, je ne sais pas si vous avez raison, mais qu'est-ce que ça change au fond quand je vais sur les marchés pour tracter ?

Ce retour aux fondamentaux du militantisme, si cher à mon secrétaire fédéral, me fait sourire. L'incongruité de la question laisse pour une fois notre médecin sans voix, mais le temps d'une minute seulement.

Celui qui n'est encore que notre illuminé de la soirée poursuit sa démonstration, s'écoute parler et semble assez satisfait de sa petite prestation.

— Les journalistes, ce sont des salauds, des salauds. Ce qui nous est montré à la télé, le printemps arabe et tout ça, c'est de la manipulation. Ce qui nous est présenté comme des événements en Libye est en fait reconstitué à l'étranger. Thierry Meyssan l'explique très bien.

Cette fois, c'est moi qui me risque :

— Mais comment pouvez-vous être sûr de cela ?

— Sur la place que les télévisions nous montrent en Libye, il y a des échafaudages, or ces échafaudages ne sont pas à la même dimension dans la réalité qu'à la télévision. C'est donc qu'il y a un trucage !

Je n'ose lui demander s'il est allé vérifier lui-même, Gabrielle n'est pas censée être insolente.

— L'élection de Sarkozy, c'est pareil ! La fondation Rockefeller aux États-Unis, c'est elle qui a permis à Sarko d'être à l'Élysée. Villepin a été éliminé politiquement avec l'affaire Clearstream et Sarko a été élu.

Nous commençons à nous lancer des regards mi-dubitatifs mi-amusés. Mes voisins protestent mollement, mais le médecin n'en a que faire.

— Tout est manipulé, absolument tout. C'est comme l'histoire des camps. J'ai fait partie des villiéristes, il y a quelques années, parce que les propos de Le Pen sur les camps, ça ne passait pas. Des personnes de ma famille avaient été déportées. Mais en fait Le Pen avait raison.

Cette fois, Alain acquiesce : c'est vrai, c'était un détail, six millions de morts, alors que la guerre en a fait 40. Mais, de toute façon, ce qu'on a vraiment reproché à Jean-Marie Le Pen, c'était plus la blague « Durafour crématoire » que la phrase sur le détail. Il ne fallait pas plaisanter comme ça !

— Mais les six millions de morts, c'est faux, récemment j'ai lu les écrits de Robert Faurisson, j'ai eu une révélation. Robert Faurisson est allé sur place, il a tout vérifié, et il est impossible que six millions de personnes aient été tuées. Impossible. Il s'est procuré les plans d'Auschwitz.

Je peine à manger tant la discussion m'écœure. Mes voisins se contentent de moues dubitatives, Jeanne semble exaspérée, mais ne dit rien. Je tente une timide question :

— Mais comment pouvez-vous affirmer que Faurisson dit vrai, vu tous les témoignages, les différents travaux historiques sur la question ?

— Là, il n'y a pas de doute. Il a fait les calculs. Brûler un corps prend du temps, donc il est impossible d'en avoir brûlé autant dans les fours crématoires.

Nous n'avons pas encore fini le repas, chaque bouchée du dessert est un supplice.

Enfin, Sylvain proteste : « Mais la famille de mon grand-père, elle y est restée, ils sont tous morts à Auschwitz. »

Le médecin révisionniste refuse d'écouter, il est en boucle. Gabrielle doit rester à l'image des autres militants, simplement étonnée, à peine choquée. Je n'ai d'autre choix que d'écouter ces abominations.

— Faurisson le décrit très précisément, Vincent

Reynouard aussi. D'ailleurs, ce type a même été condamné à de la prison ferme pour avoir dit la vérité, s'indigne Jacques Kotoujansky.

Étonnamment, Alain qui trouvait il y a un instant que la Shoah n'était qu'un détail, se rappelle désormais des photos montrant des masses de cheveux et de lunettes entassées qui appartenaient aux déportés. Il tente de faire valoir ces preuves au révisionniste qui n'en démord pas : « De toute façon, ceux qui ont décidé la solution finale, ce ne sont pas les nazis, c'est Staline. » Je me remémore alors une visite faite il y a plus de vingt ans au camp de Dachau. Sylvain me lance des regards qui m'indiquent sa désapprobation. Pourtant, celui dont la famille avait été victime de la barbarie nazie reste à table et continue de manger.

Puis une interrogation s'invite dans ce débat nauséabond : pourquoi fait-on la guerre ? Mes voisins sont pris au dépourvu. Bizarrement, notre médecin révisionniste n'a pas de réponse toute faite. Surgit alors l'idée que nous sommes trop nombreux. Alain lance une proposition qui fait l'unanimité autour de la table :

— On n'a qu'à faire quelques nuits bleues, on aurait moins de...

Je demande à Guillaume de me répéter à l'oreille ce qui vient d'être dit : « il faudrait quelques nuits bleues ».

L'ambiance est redevenue bon enfant : sur les musulmans, le terrain est plus propice à la complicité.

— Je ne comprends pas comment on peut encore croire en Dieu aujourd'hui, explique Guillaume. Alors évidemment, il y a des religions qui me dérangent moins que d'autres, surtout quand elles sont en version langues étrangères.

Mes voisins sourient...

— Nous sommes en train de régresser, approuve Sylvain. Les gens préfèrent croire en un Dieu plutôt que de croire dans la science. Mais s'intéresser à la science, c'est beaucoup plus difficile. Il faut réfléchir.

Quant à la réflexion sur la guerre, nous convenons finalement qu'il faudra tout entreprendre pour y échapper. Un instant le sourire aux lèvres, Alain, qui à cet instant a les larmes aux yeux, nous déclare que les conflits sont terribles : « Vous savez, pour une mère qui perd son fils au combat, c'est épouvantable. »

Autour la table, nous sommes embarrassés et surpris. Puis le repas se termine, enfin. Il est minuit passé. Pourquoi Alain s'est-il ainsi laissé aller ? Pourquoi cet homme visiblement sensible pouvait-il supporter les horreurs dites à notre table, y participer ? Aussi vite qu'il avait été submergé par l'émotion, il se reprend, sans pousser plus loin la réflexion. Guillaume nous offre alors la conclusion de ce repas effroyable.

— Nous n'avons eu que deux plats, les finances du parti ne sont vraiment pas au beau fixe.

Tel était donc ce que retenait mon voisin de cette soirée. Guillaume s'excuse un instant, Lucie commence à se trémousser sur sa chaise, la musique devient de plus en plus forte, Alain et Sylvain quittent la table pour rejoindre la piste de danse.

Je n'en peux plus, j'ai besoin d'être seule et de marcher. Regagnant mon hôtel à pied, je finis par avoir les larmes aux yeux. Pas un militant ne semble avoir eu conscience de la gravité des propos tenus, pas un ne s'est levé, ne s'est indigné, ne s'est insurgé. Personne pour demander, exiger que Kotoujansky quitte la table ! Et pour cause, quand aux abominations sur la négation de la Shoah suivaient des horreurs sur des meurtres d'Arabes, cette fois, ils souriaient tous ! Quels que soient leurs âges, leurs professions, leurs études ! Les barrières morales étaient abolies, si tant est qu'elles n'aient jamais existé chez ces militants. C'est à peine si l'on ne débattait pas du « détail de l'Histoire » comme de n'importe quel autre sujet... Il y a bien eu quelques regards indignés de la part de Jeanne ou de Sylvain, cette émotion d'Alain. Mais aucun n'a eu le courage ou ressenti l'absolue nécessité de faire cesser un flot d'ignominies. Pire, si celles déversées sur les juifs avaient suscité quelques protestations, celles sur les Arabes laissaient place à une complicité ignoble. « Il racontait n'importe quoi », voilà ce que dira Jeanne le lendemain de cette soirée de gala. Jacques Kotoujansky a importuné mes voisins de table, ni plus, ni moins. Ce qui était insoutenable, intolérable, odieux, devenait « n'importe quoi ». Point. Alors que je tente de m'endormir, ils dansent encore. Dans quelques heures, je dois écouter Gilbert Collard, puis Marine Le Pen. Il faudra encore applaudir, sourire et acquiescer.

***

10 heures, malgré une nuit de fête, Sylvain et Guillaume sont ponctuels. À la tribune, Gilbert Collard, tantôt brillant, tantôt vulgaire. « N'essayez pas de lui résister, parce qu'il finira par vous convaincre », prévient le préposé à l'animation des universités d'été. Guillaume est en effet conquis par celui qui l'agaçait il y a encore quelques temps. Sylvain est ému en écoutant Maître Collard évoquer le sort des enfants

d'Izieu. L'orateur affirme en effet, en référence au procès Barbie, se rappeler « du petit André, parti pour les camps de la mort en chantant : "vous n'aurez pas l'Alsace et la Lorraine." C'est depuis cela que je ne supporte pas que l'on siffle la Marseillaise et quand on se torche avec le drapeau français, j'ai l'impression qu'on essuie les larmes de ce gosse avec de la merde ! » Les applaudissements sont nourris. Pourtant, « il n'y avait aucun André parmi les 44 enfants », précisera deux jours plus tard Geneviève Erramuzpé, la directrice de la Maison d'Izieu, dans un article du *Monde*. « Maître Collard n'a pas participé au procès Barbie sinon par une présence médiatique. Il a plaidé brièvement et il est parti. Depuis, il ne s'est jamais intéressé à l'association qui a créé le mémorial, ni à la mémoire de ce crime contre l'humanité, » déclarera encore l'un des principaux avocats des parties civiles, Maître Rappaport. Qu'importe, pour les militants que j'accompagne. L'instrumentalisation d'un épisode aussi douloureux que celui des enfants d'Izieu ne peut choquer, puisqu'elle est indétectable, du fait du refus de s'informer.

L'autre temps fort du discours du ténor du barreau concerne les Roms. « J'ai appris que le président de la Ligue des Droits de l'homme de Marseille, un architecte fortuné – c'est son droit – a une très belle propriété avec un immense jardin. » Maître Collard marque une pause et, prenant un air faussement innocent, poursuit : « Charité bien ordonnée commence par le sacrifice de soi-même. Il n'y a pas de raison que le peuple de France porte le fardeau. Que ceux qui veulent le porter ouvrent leurs portes, ouvrent leur jardins et accueillent. » Les mots font mouche. Le problème épineux des camps illégaux de

Roms, dont il serait malhonnête de nier l'existence, est toujours exploité par l'extrême-droite, avec des propositions toujours aussi démagogiques. Rien n'est, bien sûr, envisagé pour s'attaquer aux causes du « fardeau », rien donc pour que son poids soit allégé. Mais le bon sens venait de s'exprimer, c'est l'essentiel ! Mes « compagnons du Front » sont donc ravis.

Ravis, ils le sont aussi à l'écoute de l'intervention de Steeve Briois. Le secrétaire général du Front bat le rappel des troupes, tant bien que mal. Sa maladresse contraste avec l'aisance de notre précédent intervenant. Au micro, il bafouille et souffre d'une mauvaise élocution. Il parle avec un ton poussif, mais les réflexes frontistes sont bien là et le message passe.

— En arrivant hier à Nice, j'ai vu le drapeau tricolore qui flottait sur la Promenade des Anglais. Nous ne voulons pas la voir se transformer demain en promenade des Algériens, prévient ce proche de Marine Le Pen, alors installée au premier rang.

Les applaudissements sont immédiats, un homme crie : « Bravo ! » Sylvain est soulagé.

À la sortie de la salle, le trio Guillaume, Sylvain et Gabrielle se reforme. Le soleil est radieux, mon secrétaire fédéral également.

— Ah, enfin, on a parlé des musulmans. Je me demandais quand l'islam serait évoqué. Quand Steeve Briois dit qu'il ne veut pas d'une promenade des Algériens, il le fait avec l'accord de Marine, c'est sûr.

Nous voilà rassurés. Dans la file d'attente de la sandwicherie, nous croyons reconnaître Jacques Kotoujansky.

— Ah bonjour !

— Bonjour !

Nous saluons tous les trois le révisionniste, en lui serrant la main. L'échange est bref, mais l'image insupportable. L'homme est affable et tout sourire, nous aussi. Il part, nous nous installons. À table, je tente de sonder mes camarades sur la soirée d'hier.

— Hier, on a eu un phénomène... Est-ce qu'il ne peut pas nous discréditer avec ce type de discours ?

— Non, on était entre nous, on était libres de parler. Simplement, il doit adapter son discours et ne pas raconter ce qu'il nous a dit hier devant les électeurs. Mais tu sais, au Front, il y en a beaucoup qui croient au complot.

Je suis censée être naïve, donc je ne dis rien, et repense au complot islamo-pétrolier.

Mes interlocuteurs sentent que j'ai besoin que l'on m'explique les choses. Je suis tout ouïe, cette fois c'est Guillaume qui m'explique.

— La façon dont on a perçu ce monsieur hier, c'est un peu la manière dont les gens hors du Front nous voient, nous militants. Il pense tout en fonction du complot. D'ailleurs, ce qu'il dit se tient, enfin en tout cas on peut se demander s'il n'a peut-être pas raison... Mais nous, quand on voit les problèmes, on sait que derrière, il y a celui de l'immigration. Eh bien, les gens qui ne sont pas pour le FN trouvent que nous analysons tout en fonction de la présence des étrangers.

J'approuve. La conversation dérive sur le temps, puis la Corse. Faute de trouver un café accueillant, nous regagnons rapidement Acropolis.

Autour d'un café, Sylvain nous informe de la conversion professionnelle de Thierry, en passe de devenir toiletteur pour chiens à temps plein. Je raconte que j'ai peur des gros spécimens.

— Les pittbulls, quand ils mordent, ils arrachent la chair au lieu de rouvrir la mâchoire.

— Ils mordent et ils ne lâchent pas, résume Sylvain.

— Comme les Arabes, complète Guillaume.

— Je n'ai pas osé le dire, mais c'est ce que j'ai pensé, confesse Sylvain.

Ils rient, j'ai honte.

L'heure avance, le discours de Marine est pour bientôt. Les caméras nous filment, munis de banderoles et de drapeaux. J'applaudis bientôt fréquemment et regarde, inquiète, cette foule saluer désormais chacune des propositions de la présidente du Front national. Marine Le Pen effectue un retour aux fondamentaux du parti qui ravit mes voisins. « Je prends l'engagement concret suivant : plus aucune aide sociale ne sera versée aux récidivistes délinquants ou criminels justiciables d'une peine d'un an ou plus. Plus aucune. Les récidivistes, qui sont un véritable poison pour notre communauté nationale, n'auront plus droit sous ma présidence au logement social », annonce encore la candidate de l'extrême- droite. La foule est enthousiaste. La présidente du Front assure également que « les sociétés multiculturelles deviennent toujours multiconflictuelles ». Des mots qui doivent résonner particulièrement aux oreilles de mon secrétaire départemental, planificateur de guerre à ses heures perdues. Après une heure de discours, nous entonnons la Marseillaise, je reconnais sur la scène, aux côtés de la candidate, son père bien sûr, mais également un revenant, Jacques Peyrat, ex-maire de Nice et ex-FN, devenu UMP. J'ai à peine le temps d'échanger mes impressions avec Guillaume et Sylvain à la fin du discours que je dois revenir à l'hôtel puis aller à la gare. J'ai hâte de rentrer.

CHAPITRE 15

UNE CONTRE-MANIFESTATION FN : « DEHORS LES PERTURBATEURS ! »

Comme à son habitude, Sylvain nous avertit par mail des nouvelles actions à mener. Extrait du message : « Il s'agit d'une contre-manifestation du FN 92 à la manifestation de soutien du PCF de Suresnes à une famille étrangère expulsée de son HLM à très juste titre. »

À ce stade, j'ignore si je devrai soutenir le regard de ceux que l'on mettra à la rue. À Nice, les caméras étaient nombreuses. Y en aurait-il à Suresnes pour dénoncer les activités annexes du FN ? Je l'espère.

« Que personne ne manque à l'appel », avait demandé la veille au soir notre responsable départemental. Finalement, en ce mercredi matin, nous sommes une dizaine à être venus réclamer la mise à la rue d'une femme et de ses six enfants... Notre action consistera à vociférer sous les fenêtres de la mairie où se tient une commission de relogement.

Particulièrement motivés, Caroline, Gisèle, Sylvain, Thierry et quelques autres que je ne connais pas encore se sont donc levés de bonne heure ; parmi eux aucun n'habite en HLM, ni n'attend qu'un logement social se libère. Caroline semble satisfaite de son été, durant lequel elle a pu recommencer à travailler comme pharmacienne.

— J'étais contente. Le problème, c'était la distance, donc pour l'été, ça allait. J'ai eu une proposition pour continuer, mais l'hôpital est vraiment trop loin de chez moi. Sinon le travail était moyennement passionnant, mais bon, pourquoi pas.

Je demande à Caroline si elle a d'autres pistes.

— Pas encore. Le Pôle Emploi m'avait proposé une place, soi-disant près de chez moi. En fait, ce n'était pas le cas, j'ai quand même regardé l'annonce. Elle était passée par quelqu'un dont le nom de famille était bizarre, je me suis dit que ce devait être une Noire.

Compte tenu de l'orthographe annoncée, je suggère une origine asiatique, mais vois difficilement en quoi cela invalidait l'annonce que le recruteur soit noir ou non… Arrive alors Antoine, venu de Levallois en scooter. La quarantaine, courtois, il a le contact facile.

— Vous étiez à Nice ?

— « Il n'y a que les mordus pour y aller », c'est ce qu'avait écrit un journaliste de Rue89, s'amuse Caroline. Elle rit, je suis en tout cas ravie de constater qu'elle s'informe aussi par d'autres canaux que ceux de l'extrême-droite.

Sylvain donne le départ, avec un coup de sifflet. Nous partons en délégation, drapeaux, affiches et mégaphone sous le bras. Place de la mairie, les manifestants du Parti communiste sont aussi peu nombreux que nous. Je remarque quelques policiers déployés pour l'occasion, ce qui me rassure.

— Vous êtes ici pour les mêmes raisons que nous, affirme naïvement un militant communiste.

La réponse de Thierry ne se fait pas attendre :

— Nous sommes pour la tranquillité des locataires !

— Ah, bravo l'humanité !

Commentaire de Gisèle qui reprend :

— « Bravo l'humanité », c'est facile, et l'humanité des voisins !

— L'humanité, mais la France n'a pas à accueillir l'humanité entière, lance cette fois Caroline à notre interlocuteur de la partie adverse.

— Ils embêtent tout le monde, mais s'ils se comportaient bien encore ! Et puis c'est une famille monoparentale avec six enfants, mais la mère, elle ne les a pas faits toute seule, ses gamins, poursuit encore Gisèle.

— Mais elle se fout de qui les lui a fait. C'est une façon d'avoir des enfants français, c'est tout, explique Caroline à sa voisine.

À quelques mètres de nous, Thierry se lance dans quelques essais de mégaphone.

— Comment fait-on pour couper le larsen ?

L'appareil enfin correctement réglé, le futur candidat aux législatives de la circonscription de Suresnes se lance, micro en main, dans la lecture de son argumentaire : « Une nouvelle fois, le Parti communiste suresnois prend ses distances avec les concitoyens français qu'il est censé représenter, en soutenant officiellement une famille d'origine d'Afrique du Nord expulsée par l'Office public départemental des HLM, pour avoir pourri la vie des locataires pendant plusieurs années. Paradoxe : le Parti communiste dénonçait en 2008 le comportement de ladite famille, alors qu'aujourd'hui il la soutient. »

Les communistes s'insurgent : « C'est absolument faux ! »

Imperturbable et fier, Thierry poursuit : « Qu'attendent les élus communistes dans ces conditions pour prendre fait et cause pour les braqueurs du fourgon blindé du 6 septembre ? »

Cette fois, nos adversaires protestent mollement, l'air consterné.

Mais le fond sonore ne faiblit pas, Thierry semble motivé pour toute la matinée : « Le Front national dénonce la récupération de cette affaire par la gauche et se scandalise que des élus de la République puisent s'opposer à la décision d'un organisme d'État. Le Front national se scandalise que des perturbateurs puissent obtenir le soutien d'élus, alors que des honnêtes gens qui habitent la cité-jardin attendent d'eux protection et justice. »

Rejoignant les soutiens à la famille expulsée, un jeune passe devant Thierry et semble visiblement exaspéré par les vociférations de notre adepte du mégaphone : « Arrête tes conneries ! »

— Franchement, quelle éducation, feint de se scandaliser une des nôtres.

Toujours accroché à son micro, Thierry continue : « Pour vivre en paix à la cité-jardin : expulsion des perturbateurs ! Pour vivre en paix chez nous ! Honte aux communistes ! Appliquons la loi ! »

Ces derniers n'ont prévu que quelques drapeaux et protestent en silence, alors Thierry tente de nouvelles provocations : encore une fois, c'est le Front national qui est du côté de la loi et les communistes qui sont du mauvais côté.

— Les nazis disaient la même chose, lui répond un de nos opposants.

— Les nazis, mais vous les souteniez au début. Vous étiez copains-copains, hein ? Ça vous emmerde ça.

Le communiste a plus l'air dépité qu'« emmerdé » et fait valoir à Thierry qu'au cimetière de Suresnes reposent des « camarades » fusillés avant 1941. Thierry refuse naturellement d'écouter et reprend son refrain avec entrain : « Expulsion des perturbateurs, nul n'a le droit de pourrir la vie de ses voisins. Défendons les locataires ! »

Caroline me fait discrètement remarquer que le « public » des communistes, autrement dit les personnes qui s'étaient déplacées pour l'occasion étaient tous de couleur. Je fais un mouvement de tête d'approbation. Les échanges entre Thierry et les autres manifestants reprennent de plus belle.

— Quand on vit en HLM, on ne fait pas de bruit.

— Mets-là en veilleuse, y aura déjà moins de bruit.

— Nul n'a le droit de perturber la vie de ses voisins !

— Et toi, t'as le droit d'être raciste ?

Thierry fait mine de ne pas avoir entendu : la gauche soutient l'insoutenable, c'est-à-dire les perturbateurs ?

— Et il y en a qui soutiennent le tueur norvégien...

Nous échangeons avec Antoine quelques regards complices, lui aussi commence à être fatigué par les interventions au mégaphone. Antoine est chef d'une petite entreprise et milite depuis deux ans au Front. Il profite d'ailleurs de cet engagement pour faire acheter au FN quelques produits de communication que le parti utilisera sur les marchés. Déjà candidat aux cantonales et prochainement investi pour les législatives, il sait rester calme et me paraît moins extrémiste que Sylvain.

— J'organise des salons et j'édite un magazine sur la communication visuelle. C'est un secteur de niche. Ça fait dix ans que je suis dans ce métier, mais je suis un frontiste beaucoup plus récent. Et toi, tu es nouvelle ?

— Je me suis engagée pour la campagne de Marine, parce que je pense qu'elle peut vraiment amener le Front très loin. D'autant qu'elle a le talent oratoire de son père.

Antoine est sceptique : « Hum, je ne suis pas sûr. Elle a du talent. Mais son père dans sa catégorie était un poids lourd, elle, elle a encore tout à montrer. »

Antoine s'informe ensuite de mes intentions quant à mon futur investissement. Je fais valoir que dans ma circonscription, le terrain est peu propice à une progression du FN, sociologie des électeurs oblige. Parmi ces derniers, Antoine connaît bien une kinésithérapeute.

— J'ai une amie kiné qui s'est installée à Neuilly. Elle vient de recruter un Italien qui travaillait auparavant à Évry. Là-bas, il n'en pouvait plus. Il n'y avait que des mecs qui étaient à la CMU. Ils arrivent, ils font leur séance et ils se cassent. Eux ils payent zéro euro, c'est la sécu qui paye. Il y a des abus invraisemblables et comme c'est gratis, ils continuent de venir. Clairement, ce n'étaient que des mamas africaines, enfin que des étrangers qui ne font aucun effort, ne serait-ce que pour parler français au médecin. C'est quand même fou !

Pour combien d'abus, la CMU avait-elle été nécessaire ? Antoine ne veut pas le savoir. Gagnant correctement sa vie et appartenant donc aux classes moyennes que vise désormais le Front, Antoine ne s'inquiète pas moins de la crise. L'organisation de ses salons allait-elle pouvoir se poursuivre comme les années précédentes ? Les affaires seront sans doute un peu plus difficiles, c'est tout.

Pour la famille dont nous réclamons l'expulsion, j'apprends avec soulagement que la commission a trouvé une solution de relogement. La nouvelle nous est annoncée par un militant communiste.

— Et bien, vous ne devriez pas être très fiers !

Puis se retournant vers moi, Antoine reprend : « C'était couru d'avance. Ce genre de dossier est médiatiquement indéfendable pour nous. Une famille monoparentale, à la limite, quels que soient leur faute, leur mode de vie, on ne peut pas les expulser. Les gens qui prennent les décisions n'ont pas de couilles, ils subissent des pressions et se disent : nous n'allons pas faire de vagues et nous allons les reloger. Ça s'appelle : la lâcheté. »

Pour Thierry, le mégaphone toujours en bandoulière, la conclusion s'impose : « Aux législatives de 2012, je serai au deuxième tour parce que les électeurs en ont marre. Les communistes sont toujours du mauvais côté de la barrière, du côté des perturbateurs, des meurtriers, des violeurs, des narcotrafiquants. Mais, tous ces gens-là, les communistes les considèrent comme des victimes de la société, alors évidemment ils les soutiennent ! »

Victime de la société, c'était aussi le visage que m'avait offert Gisèle ; mais je découvre qu'elle est avant tout victime d'elle-même et de cette peur qui la tenaille.

— Je vais aller retirer mes sous de la Société Générale, j'ai entendu que les banques avaient changé de note, qu'elles n'avaient plus leur AAA, nous annonce Gisèle.

Je lui rappelle que, quoi qu'il en soit, l'État lui garantit jusqu'à 100 000 euros.

— Mais j'ai bien plus que ça ! J'ai toute ma vie de travail !

— Investis dans la pierre, lui suggère Caroline.

— J'ai eu des appartements, mais de mauvais locataires, alors j'ai tout vendu pour placer mon argent à la Société Générale. Je suis propriétaire de mon logement, un 50 m^2 avec balcon, j'y suis un peu serrée, mais je n'ai pas envie de changer. Il faut que je fasse attention, parce que quand je serai très vieille, il faudra que je me paye une aide à domicile. Je n'ai pas de famille, personne, donc je dois être vigilante.

En fait, Gisèle a des neveux et nièces avec qui elle s'est fâchée et à qui elle ne léguera rien.

— Je leur ai donné de l'argent, mais ça n'écrit même pas pour la bonne année ! Toute ma vie, ils m'ont spoliée. La tata à héritage, ça va cinq minutes. Maintenant, c'est chacun chez soi et c'est très bien comme ça !

Gisèle a-t-elle fait un testament en faveur du Front ? L'hypothèse n'est pas improbable. Cette femme dont les revenus sont modestes peut néanmoins assez facilement ne plus avoir de difficultés pour boucler ses fins de mois. Mais elle préfère s'interdire de profiter et finalement de vivre par peur de l'avenir et surtout de la solitude. Elle éprouve ce besoin de donner à voir une situation plus critique qu'elle ne l'est. Non par pudeur, loin de là, simplement parce que ses angoisses sont bien réelles.

Alors que Caroline tente de convaincre notre retraitée dévouée de la stupidité de mourir « riche », l'arrivée du maire fait sensation. Cet élu UMP qui se déplace en voiture de sport prend soin de serrer la main des militants communistes et nous ignore. Dans les rangs du Front, les remarques fusent sur « ses goûts de luxe ». Nous décidons enfin de plier bagage après le rappel de Sylvain à nos obligations militantes ; ce soir, au Carré, se tient l'assemblée générale du FN de notre département.

Je fais quelques pas avec Antoine, le temps de traverser un marché. Me désignant une femme noire, il m'explique : « Tu vois, ça, c'est quelque chose que je ne ferais pas. Laisser mes gamins à une nounou africaine qui retrouve ses copines dans un square et ne s'occupe pas des enfants. »

Je n'ai rien à ajouter, Antoine en profite pour m'interroger avec insistance sur ma profession. Je reste évasive et aperçois avec soulagement une station Vélib' où je m'empresse de faire fonctionner ma carte d'abonnée.

***

Quelques heures plus tard, Sylvain revient sur notre action du jour devant une trentaine d'adhérents réunis au siège du FN. « Nous n'avons pas joué sur le fait qu'il s'agissait d'immigrés, mais que ces personnes ne respectaient pas la loi, et qu'elles emmerdaient tout le monde. » Le tract distribué par mon secrétaire départemental et à l'effigie de Thierry mentionnait tout de même que la famille en question était « originaire d'Afrique du Nord ». Le terme « immigré » n'était en effet pas employé. J'apprécie la nuance, tout comme la conclusion dudit tract : « Empêchez-les de nuire, votez FN. » Mon secrétaire départemental, lui, se veut plus léger dans son résumé de la matinée : « C'était assez marrant ! »

Plus question de rire en revanche à l'annonce du relogement des expulsés. Les adhérents sont indignés.

Mais, fort heureusement, nous avons quelques raisons de nous réjouir. Guillaume nous assure que l'image du Front a changé, il en veut pour preuve ce qu'il a vu à la télévision dernièrement.

« Qui a vu hier le Petit Journal sur Canal Plus ? C'était très drôle. Ils ont fait parler Jean-Marie Le Pen avec la voix de sa fille et vice versa au sujet de la perte de souveraineté. Ensuite, ils ont interrogé deux petites mamies aux universités qui disaient : « On n'est plus chez nous, il y en a trop », et une adhérente qui préconisait un coup de balai pour que les étrangers soient renvoyés chez eux. Enfin le journaliste a parlé des vigiles du FN : « autrefois, ils tapaient sur les représentants de la presse, mais aujourd'hui ils préfèrent faire passer les militants pour leur éviter de dire des bêtises ». Donc à la question « Le FN a-t-il changé ? », les gens ont dû se dire qu'il n'était plus tout à fait pareil, « parce qu'on n'a pas entendu parler d'islam ».

Un instant, je me pince pour y croire. Échanger le son et l'image entre Le Pen père et Le Pen fille, n'avait même pas été interprété comme la démonstration d'une constance dans le discours du FN. De même, pour la diffusion de propos caricaturaux sur l'immigration. Selon Guillaume, les universités d'été avaient ont donc été « très sympas » et la chaîne cryptée n'était pas loin de formuler le même constat ! Bref, pour notre responsable de Boulogne, l'opération communication est parfaitement réussie :

« Le discours de Marine a été assez musclé et relativement bien repris par les médias. Les ateliers étaient axés sur la situation de la France, les aspects économiques, mais aussi sur certains qui se la coulent douce et qui n'en foutent pas une, mais sans dire qu'il s'agissait des étrangers. À ce niveau-là, c'était très soft. »

Moins « softs » en revanche sont les commentaires de Guillaume suite au résumé de l'intervention de Paul-Marie Couteaux sur la langue française : « Il y a quelques années, nous avions une sorte de machine à laver républicaine. Les jeunes des banlieues apprenaient le français et les valeurs de la République au service militaire, et aujourd'hui, ils apprennent les valeurs de l'islam en prison. »

— Et nos enfants prennent l'accent des banlieues c'est terrible ! se lamente alors Patrick.

À défaut d'accent de banlieue, je dois bientôt opter pour le vocable du FN à l'occasion d'un bref exposé sur le multiculturalisme et les propositions sociales du parti. Les quelques interventions que je dois résumer le seront dans une version minimaliste. Sylvain aime la concision, j'obéis à mon chef.

Vient ensuite un cours de collage pour les nuls, Sylvain ne ratant jamais une occasion de battre le rappel des troupes pour les actions de terrain. Donc, « le bon dosage c'est trois litres de colle pour 20 litres d'eau. Pour obtenir une meilleure colle sans grumeaux, il faut verser les 20 litres en deux fois ». Dont acte. Avant de partir, notre secrétaire départemental tient à faire une présentation de tous les participants à la réunion. Passant derrière chacun et nous prenant pas les épaules, il énonce nom, prénom, ville et éventuelles responsabilités au sein du Front.

— Gabrielle Picard qui sera... Non, qui ne sera pas candidate ! Comme Gabrielle veut passer un Noël tranquille et que sa sœur va lui tirer la gueule si elle se présente pour le Front, elle sera candidate sur sa circonscription après les fêtes !

Je n'ai pas le temps de protester, Sylvain poursuit avec Patrick, Chantal, François...

En partant, un adhérent me souhaite avec quelques mois d'avance un joyeux Noël en famille. En attendant, je rentre avec Caroline qui connaît bien Neuilly, sa sœur y habite et elle y a fréquenté un lycée privé huppé. Nous rions de sa maladresse au volant, n'étant pas moi-même un as dans le domaine.

—Une fois avec Sébastien, c'est pareil, j'ai pris le sens interdit, en y entrant doucement comme dans du beurre. C'est ma spécialité !

— Et la rentrée de tes enfants s'est bien passée ?

— Oui, mais ma fille aînée ne sait toujours pas ce qu'elle veut faire après son bac. Peut-être infirmière militaire. Elle rêve d'indépendance !

— Au moins, elle est sûre d'obtenir un travail et d'avoir une solde tout de suite.

— Oui, c'est l'avantage. D'ailleurs, pour certains étudiants, c'est un véritable salaire. Mon beau-frère à Polytechnique gagnait aux alentours de 8 000 francs de l'époque. Par contre, mon père quand il était à l'X, sa solde équivalait plus à de l'argent de poche. Ma mère aurait voulu qu'il fasse une carrière de militaire, elle lui disait : « Mais tu serais devenu général ! »

L'annonce des parcours de deux membres de sa famille et cet intérêt pour l'armée ne m'étonne guère. Caroline m'avait expliqué avoir beaucoup voyagé dans sa jeunesse au gré des mutations de son père, Irak, Canada, entre autres. Rien qui l'ait pour autant incité à changer de regard sur les étrangers et le fait de travailler dans un autre pays que le sien. Européen ou Africain, travailleur ou non, diplômé ou pas, ceux qui n'ont pas la nationalité française n'avaient pas vocation, selon Caroline, à s'installer en France, quels que soient nos besoins de main-d'œuvre.

— Ma fille, je la pousse, elle pourrait faire médecine. T'as vu tous les médecins étrangers qu'on fait venir ?

— De toute manière, nous n'en avons plus suffisamment, fais-je remarquer.

— Pour les médecins, un *numerus clausus* a été instauré, mais aujourd'hui nous ne sommes même pas remontés au niveau des années 70. C'est n'importe quoi ! On refuse des étudiants français qui veulent faire leur médecine. Certains vont en Belgique après s'être fait recaler et, comme il y a des accords européens, ils reviennent en France exercer ! Dans l'Yonne, pas un nouveau médecin n'est Français. Ça m'écœure. Alors nous avons eu la vague des Roumains. Dans les hôpitaux aux urgences, ce ne sont plus que des Maghrébins ou des noirs. Une fois cet été, il y a eu un problème au sujet du médecin de garde. Celui qui était de service était étranger et n'était pas inscrit à l'Ordre. Donc légalement, il n'avait même pas le droit d'exercer.

Le ton est rageur. Pour autant, Caroline ne dérape pas et pointe une situation critique sans user du moins pour cette fois, de fantasme. Sa situation professionnelle pourrait précisément l'amener à considérer l'immigration comme bénéfique, utile, nécessaire, mais il n'en est rien. Contrairement à beaucoup de militants du Front qui adhèrent par manque total de repères politiques et moraux, Caroline n'a rien de ces égarées récupérées par le FN. Pour cette catholique intégriste, l'extrême-droite est sa véritable famille politique.

Chapitre 16

Tractage dans une ville communiste

À nos oreilles, parviennent des bribes de conversation en langue slave de nos voisins de table. L'environnement sonore du bistrot ne suscite aucune remarque déplacée de la part de mes co-militants qui préfèrent avoir le nez collé sur le plan de la commune, cible de notre opération matinale.

Bastion communiste de la banlieue parisienne, toujours dirigée par un membre du PCF. Nanterre, la rouge, a été l'une des villes où le score du FN a été le plus élevé lors des dernières cantonales, Thierry y a rassemblé plus de 25 % des voix au second tour. Ce militant qui figure parmi les plus investis dans le département a donc fait imprimer des tracts à son effigie portant la mention « député » en bas de sa photo. Le temps d'une matinée, l'ensemble du département a donc été invité à inonder la circonscription d'un recto-verso pour les législatives ! Le rendez-vous a été fixé à 8 h 30, un dimanche de septembre... Les piliers de la distribution du département ont répondu présents : Gisèle, partie à 7 heures de chez elle, Sylvain, Patrick et moi-même. Anne-Laure et

Christophe, deux jeunes adhérents du secteur, membres du FNJ, se sont également levés aux aurores. Ils habitent un quartier à forte concentration immigrée, « que du bonheur », résume Christophe.

— Tu sais que normalement tu n'as pas le droit de distribuer, prévient Sylvain. Tant que t'es pas investie...

— D'emblée, je le suis, avec ce que j'ai fait aux cantonales.

— Non, détrompe-toi...

Bref, autorisation ou non, les champions du parti de l'ordre que nous sommes, avons constitué nos binômes pour un quadrillage méthodique de la ville. Les habitants préfèrent éviter leur quartier, question de discrétion, autrement « ça pourrait être fâcheux », prévient Christophe. Sylvain distribue seul parce que « c'est plus efficace », Gisèle qui veut bien faire « le bourricot » et Patrick partent de leur côté, je fais équipe avec Thierry.

Nous nous rendons sur zone avec Anne-Laure et Christophe, qui commente l'urbanisme environnant.

— À voir de beaux pavillons comme ça, en plein milieu de la cité, je pense qu'il y a du potentiel électoral.

— Oui, c'est comme un petit village gaulois, analyse Thierry. Et la plupart des gens doivent y subir le bruit...

Christophe enchaîne : « et l'odeur... »

Pour ce jeune adhérent, plus encore que le paysage urbain, ce sont les résultats aux dernières élections qui sont lourds de sens : « C'étaient les cocos en premier et le Front en deuxième, après ça, on dit qu'il n'y a pas de conflit de civilisation ! »

Le Front de gauche ayant pour électeurs, selon Christophe, les personnes d'origine étrangère, et le

FN les « Français de souche », la démonstration était faite.

Arrivés à un grand carrefour, Thierry et moi optons pour les immeubles, Anne-Laure et Christophe prennent la direction du « village gaulois ».

Les cités et les rues adjacentes portent des noms politiquement évocateurs, Maurice Thorez, Salvador Allende, Stalingrad. Des références historiques avec lesquelles nos tracts ne jurent pas au premier abord. Thierry a reproduit en gras une citation de Georges Marchais en 1981 : « Il faut stopper l'immigration officielle et clandestine, la crise du logement s'aggrave, les HLM font cruellement défaut, et les familles françaises ne peuvent y accéder, les charges d'aides sociales nécessaires pour les familles d'immigrés plongées dans la misère deviennent insupportables pour l'économie des communes. »

La suite du tract est plus typiquement frontiste, avec bien sûr la proposition de discrimination pour les logements sociaux. Une discrimination que Thierry opère dès le *boîtage*, comme le faisait Sébastien d'ailleurs, évitant ainsi tout gaspillage de tracts... Nous tentons avec plus ou moins de réussite de pénétrer dans les halls d'immeuble. À l'occasion, Thierry se fait passer pour un habitant ayant oublié ses clés et sonne au hasard, enfin pas chez « Boubakar ». Mais « pour les immeubles qui se trouvent le long du boulevard, le lundi et le vendredi, on peut y accéder par les portes du local à poubelles, c'est bon à savoir ».

Thierry reviendra donc dans la semaine pour la suite du *boîtage*. Pour l'instant, nous devons nous orienter.

— Il faut que nous allions boulevard Balzac, tiens, Balzac, je ne sais pas quel est son prénom...

— Honoré.

— Honoré de Balzac, on sent que tu es littéraire.

Notre route trouvée, nous repartons à l'assaut des boîtes-aux-lettres et discutons de choses et d'autres. Thierry est inquiet, le magasin de chaussures dans lequel il est gérant ne marche pas très bien et son activité de toilettage pour chiens ne lui permet pas encore d'en vivre.

Nouvel essai de forcing d'un immeuble. Bientôt, face à nous, se dresse une grande bâtisse à l'architecture futuriste où s'était déroulé un drame très médiatisé, il y a quelques années. Nous évoquons alors le massacre en Norvège de cet été : « On nous met sur le dos ce qui s'est passé là-bas, alors qu'on n'a rien à voir avec les Norvégiens. Moi, je ne suis pas norvégien. Je ne m'identifie pas du tout à ce meurtrier. Quand un type de gauche fait un massacre, c'est un fou, mais quand il fait référence à la droite, c'est un militant. Au fait, il a été tué ?

— Non, il a été arrêté.

— Enfin, autrement, personne ne l'aurait pleuré.

Anders Behring Breivik, ancien membre du FRP, parti populiste norvégien, fondamentaliste chrétien et radicalement opposé au multiculturalisme et à l'islam a été déclaré fou par les autorités norvégiennes. Nul besoin donc de s'attarder sur ce drame.

Quelques rues plus loin, nous abordons un secteur pavillonnaire, un homme d'origine maghrébine se tient dans son jardin. Thierry est écœuré.

— Ils sont jusque dans les pavillons !

Chapitre 17

« Ma tante est fière d'être une facho »

Partie de chez elle tôt dans la matinée et après une heure et demie de transport en commun, Gisèle est en ce dimanche prête à passer à l'action militante. Rares seront les automobilistes qui n'auront pas de tract au feu rouge auquel elle s'active. Bien que souffrante et traînant la jambe, Gisèle accomplit son devoir. Notre dévouée frontiste fait équipe avec notre chef. Sylvain et Gisèle se démènent. Romain, à l'initiative de cette opération, est, lui, moins ardent à la tâche et semble s'ennuyer fermement. C'est à peine si ce jeune militant ose distribuer nos tracts auprès des conducteurs. Un parking situé à proximité aura sa préférence, je reste donc seule à mon carrefour une grande partie de la matinée. Avant qu'il ne s'attaque aux pare-brise, Romain me fait tout de même un bref exposé de son parcours politique. Venu de l'UMP, il a adhéré au FN en 2009, « lorsque nous étions au plus bas », après avoir été dégoûté par les affaires. Ces affaires, il les connaît par les médias, mais affirme avoir aussi compris certaines magouilles du côté de la mairie de sa commune. « J'ai été viré, parce que je commençais à trop l'ouvrir. Mon responsable pensait que j'allais foutre la merde. Là, je viens de retrouver du travail dans l'informatique. » Au Front, il est « plutôt dans l'affichage » que dans le *boîtage*. « Quand j'explique à ma famille qu'on me traite de facho, on me répond que c'est normal, puisque je défends des idées différentes. Ma tante qui elle aussi a des idées "pas comme tout le monde", est fière d'être une facho. » Romain sourit, pour autant son discours n'est vraiment pas construit autour de l'idéologie fasciste. « Je considère que les étrangers qui sont installés en France depuis 20 ou 30 ans n'ont aucune raison de partir. Je connais des Algériens, des Kabyles qui sont plus français que moi. Ils respectent la France. Un Kabyle m'a demandé si je voulais qu'il reparte chez lui. Je lui ai répondu : mais non, toi, t'es Français, t'es intégré. Des gens comme ça, moi, je les garde. Mais les petits cons qui haïssent la France, ça m'horripile. Qu'ils aillent voir ailleurs ! Et si ailleurs c'est pire, alors je leur dis : restez et fermez votre gueule, surtout que la plupart ce sont des Français... »

J'approuve et rejoins l'équipe Sylvain/Gisèle pour notre café rituel d'après tractage. Les scores aux dernières élections à Rueil désolent Sylvain, mais Romain est plein d'espoir : « Je connais un bijoutier qui s'est fait braquer trois fois, il en a ras le bol, et c'est un nouvel adhérent. Il m'a assuré qu'il y aurait plein de juifs qui allaient prendre leur carte. »

L'annonce ne surprend pas mon responsable départemental, qui se souvient d'une réunion récente : « À Boulogne dernièrement, un adhérent a demandé qu'on aborde le problème juif. Et son voisin lui a répondu : ça tombe bien, je suis juif ! C'était rigolo ! Mais, en règle générale, c'est vrai que les juifs ne votent pas FN, seulement ils commencent aussi à être victimes de l'islamisation rampante.

— Mais c'est Israël qui fout la merde, s'exclame Romain.

Recadrage de mon chef, se souvenant soudainement de ses origines : « Mais si tu estimes que les juifs ont le droit de vivre, ils ont droit à un pays. Le problème c'est qu'ils sont arrivés sur une terre déjà peuplée. Et ceux qui croient en la mixité des ethnies se fourrent le doigt dans l'œil jusqu'à l'omoplate ! »

C'est alors que celui qui riait au fascisme revendiqué de sa tante avance que la mixité, « ça peut fonctionner ».

« À l'Île de la Réunion, il y a une mosquée à côté d'une église et d'une synagogue et tout ça marche très bien. »

— C'est une façade. Et dans les îles, ils vivent à nos crochets, décrète immédiatement Gisèle. C'est une exception pour confirmer la règle, analyse Sylvain qui préfère alors changer de sujet. Mon responsable déplore le manque d'implication de son homologue du FNJ.

— Quand on prend des responsabilités comme Madame, on est sur le terrain. D'ailleurs Gabrielle, c'est incroyable, depuis que je l'ai rencontrée, elle n'arrête plus ! Pourquoi as-tu démarré aussi fort ?

— Heu, j'aime bien tenir parole et ne pas faire les choses à moitié.

— Eh bien, merci.

Encore quelques réflexions sur l'actualité et Gisèle et moi reprenons le bus. Je la supplie d'aller consulter un médecin pour soigner son genou douloureux.

— Je peux faire venir un docteur, et puis pour les médicaments, je peux téléphoner à la pharmacie juste en face de chez moi, je sais qu'ils sont gentils. Autrement, il faut se débrouiller tout seul : j'avais un concierge avec qui je m'entendais bien, mais on me l'a supprimé. Dans mon immeuble, il y avait un jeune couple avec des enfants, je leur faisais des cadeaux, cela faisait une conversation. Mais ils déménagent.

— Et du côté de ta famille ?

— Quand mes parents sont morts, l'héritage ne s'est pas bien passé. Alors, ma famille, elle me rappelle surtout de mauvais souvenirs. Et en région parisienne, de toute façon, je n'ai personne.

— Sylvain et toi, vous êtes quand même assez proches ?

— Oui, mais il est un peu dans son monde et puis il s'investit énormément pour le Front. C'est pour ça qu'il faut le soulager de certaines tâches. Moi, j'ai pris en charge les adhésions et je milite, mais pas dans ma ville. À côté de chez moi, j'ai l'adjoint au maire. C'est une personne bien, qui a des sous, mais c'est une gauchiste, se lamente Gisèle.

Puis, d'une voix plus basse, elle poursuit le panorama de sa cage d'escalier : « y a aussi du juif et eux, ils ne votent pas pour nous ».

Au terminus, Gisèle part en boitant. Je devine qu'elle souhaite éviter de consulter un médecin qui lui prescrirait du repos, lui interdisant ainsi de militer. La vie amicale de Gisèle semble en effet se résumer au Front, d'où la nécessité pour cette retraitée active de pas s'en éloigner. Plus qu'un parti, il était un refuge, une raison d'exister socialement.

Chapitre 18

Rue Jeanne-d'Arc, session de formation sur « la justice et l'insécurité »

Plusieurs affiches, plusieurs époques et plusieurs campagnes présidentielles pour une même famille... politique. Dans la salle de conférence du Forum, la permanence du Front national à Paris, la galerie de portraits des Le Pen offre deux visages : d'une part celui d'un ancien président du Front conquérant au Stade Vélodrome en 1988 ou encore celui d'un Jean-Marie Le Pen flibustier, muni d'une longue-vue, et d'autre part celui de Marine, plus souriante, plus avenante. C'est donc sous les regards croisés du père et de la fille que les adhérents FN de l'Île-de-France sont régulièrement conviés rue Jeanne-d'Arc pour des séances de formation-débats. Invité de ce 12 octobre : Wallerand de Saint-Just, avocat, trésorier et membre du bureau exécutif du Front national. Il est alors présenté par Marie-Christine Arnautu, la vice-présidente du parti. Elle met à l'aise les militants :

— Il n'y a aucune question idiote.

— Il n'y a que des réponses idiotes, ajoute le défenseur du Front.

— Oui, mais pas chez nous, assure la patronne de l'Île-de-France.

La salle est pleine, près d'une cinquantaine de personnes sont venues écouter les solutions du FN en matière de « justice et d'insécurité », selon l'intitulé de la session. « Il s'agit de supprimer un peu les souffrances que les gens peuvent ressentir. Le Front est le réceptacle de cette souffrance, avant c'était les paroisses, explique notre intervenant. Il m'arrive souvent de faire des consultations gratuites à Saint-Nicolas-du-Chardonnet. C'est effrayant ce que l'on y entend. »

Wallerand de Saint-Just est en effet un catholique intégriste et le vice-président de l'AGRIF, l'Alliance générale contre le racisme et pour l'identité chrétienne française, une association dont le numéro un, également intégriste, Bernard Anthony, est un ancien du Front.

En bon chrétien, l'avocat du FN rappelle que « nous sommes pour les plus défavorisés, parmi lesquels nous réalisons nos meilleurs scores » puis se lance dans un panorama assez laborieux de l'institution judiciaire. En ligne de mire : ces « magistrats quasiment tous de gauche. » Je découvre à l'occasion le slogan de la profession : « nous sommes pour les délinquants et contre la victime ».

« Aujourd'hui, les présidents de Cour d'assises délibèrent avec les jurés, car depuis l'affaire du garagiste Le Gras, on ne fait plus confiance aux jurys populaires. Le Gras avait été acquitté après avoir tendu un piège mortel à celui qui l'avait volé près de 20 fois. À partir de là, le pouvoir a estimé que les jurés étaient trop durs avec les criminels », regrette

Wallerand de Saint-Just. Dans l'auditoire, Sylvain écoute attentivement, non qu'il soit magistrat, mais plutôt écrivain à ses heures perdues. Dans une nouvelle intitulée *Rêvalité*, il écrivait ceci : « Alors qu'[Antoine] attendait boulevard Barbès le métro dans sa partie aérienne, une bande de voyous fit irruption. (...) Il avait bien pensé porter une arme, mais la justice ne reconnaissait la légitime défense que si elle était proportionnelle à l'attaque, comme si la victime avait le temps et le sang-froid de juger les intentions de ses agresseurs. Il s'était donc acheté une bombe paralysante. On n'arrête pas le progrès. »

Wallerand de Saint-Just, lui non plus, n'arrête pas de progresser dans son exposé et ses formulations : « en supprimant la peine de mort, on a coupé les couilles de la justice criminelle française ».

Et pour convaincre les récalcitrants du rétablissement de la peine capitale, notre avocat propose donc de poser cette question : « Est-il envisageable qu'un être humain tue un autre être humain ? La réponse est évidemment oui. Rien n'empêche un être humain d'en tuer un autre. Aucun précepte moral, aucune religion ne l'a jamais interdit et ne peut l'interdire. Quand les Allemands sont entrés sur le territoire français, les Français ont dû chercher à les tuer. » *Quid* des Dix commandements ? Quelques instants plus tard, Wallerand de Saint-Just insiste et nous propose de faire valoir à d'éventuels électeurs un nouvel argument. « Le catéchisme officiel de l'Église catholique et le Front national ont la même définition de la nation, de la politique de l'immigration, de la protection de la vie, de l'avortement et de la peine de mort. J'ai essayé de le dire à des cathos qui sont généralement gnangnans et bien-pensants. Mais ça les met dans des transes diaboliques absolument extraordinaires ! » L'Église milite en effet pour l'abolition de la peine capitale. En janvier 2008, par exemple, Benoît XVI se « réjouissait du moratoire sur l'application de la peine de mort adoptée par l'ONU ».

Mais, plus que des questions d'ordre philosophique ou religieux, se pose un problème pratique. Patrick demande : « comment procéderait-on pour la peine de mort, parce que la guillotine, ce n'était pas reluisant... » Wallerand de Saint-Just suggère donc des méthodes modernes employées aux États-Unis, sans doute plus «reluisantes » ! Celui qui aux Universités d'été fustigeait l'américanisation de notre système judiciaire trouvait finalement intéressantes quelques pratiques outre-Atlantique.

La parole est au public. Un homme se présente comme ayant travaillé dans un centre pénitentiaire. L'avocat plaisante : « Comme prisonnier politique ? »

Le militant poursuit : « C'était à Melun, les prisonniers étaient mieux logés que des étudiants ! C'est hallucinant, c'est mieux qu'au Formule 1 ! Des appartements ont même été construits pour que les détenus puissent recevoir leur famille... »

L'assemblée est écœurée. Wallerand de Saint-Just corrige, rappelant que les prisons françaises sont dans leur grande majorité dans un état déplorable. « L'absence de discipline, la promiscuité et le laisser-aller en ont fait une honte. » Il dénonce par ailleurs l'attribution de postes de télévision aux détenus français.

— À Melun, c'étaient des écrans plats, précise notre indigné.

Commentaire de ma voisine : « Moi, dans ces conditions, j'irais bien faire de la prison... »

« La prison, mieux qu'au Formule 1 » : les militants souffraient-ils à ce point de la pauvreté et de la précarité, qu'une cellule rénovée aurait été finalement comparable à leurs conditions de vie ? Ce soir, je perçois surtout une aigreur, une volonté farouche d'affirmer pour les braves gens qui m'entourent leur supériorité face aux délinquants et aux criminels. Sans doute veulent-ils ainsi se rassurer. Mais se rassurer en ayant peur de qui ? Peur de quoi ? De tomber plus bas encore que ceux que l'on enferme ? Peur des Arabes ? Bien sûr, inévitablement. Le sujet refait surface. La fin de la conférence approche et l'islam est au cœur de la discussion. Aborder cette thématique répond en effet à un besoin irrépressible chez les frontistes, quels que soient les ordres du jour imposés. L'obsession est patente. Pour notre intervenant, il n'est donc nullement question de passer outre ce thème pourtant hors sujet ce soir. Le refrain, tant de fois repris par ceux que je connais désormais, m'est une fois de plus resservi, sous une forme plus policée peut-être : « Il faut endiguer le poids de l'islam, pas par racisme particulier, par haine contre une religion quelconque, mais parce qu'il n'y a pas de raison qu'on ait une religion avec une volonté d'expansion aussi importante. On peut dire que l'islam est peu compatible avec la France et avec les coutumes françaises », insiste Wallerand de Saint-Just.

La séance est bientôt levée, je m'apprête à faire la connaissance de Marie-Christine Arnautu, très sollicitée par les militants. Je me suis proposée d'organiser la prochaine formation-débat. Sur les conseils de

Sylvain, je dois donc de me présenter à cette fidèle des Le Pen, avertie de mes offres de service par mon secrétaire départemental.

— Bonsoir, Mademoiselle.

— Bonsoir, Madame, je suis Gabrielle Picard.

— Ah ! c'est vous, je suis contente de vous rencontrer. Tout ce qui peut nous décharger peut nous aider.

— J'avais envie de m'impliquer dans cette campagne. Sylvain m'avait même proposé d'être candidate...

Elle m'interrompt : « Et pourquoi pas ?

— En fait, je préfère privilégier un investissement en interne.

— Bon, de toute manière, vous avez encore le temps de réfléchir. Mais déjà, merci. Pour la formation, ce sera toutes les six semaines. Vous devrez joindre l'intervenant qui sera un des présidents de CAP, nos comités d'action programmatique. Il faudra ensuite ameuter toute l'Île-de-France et gérer le calendrier et les réponses.

— Très volontiers. »

Elle me propose ensuite de venir à la prochaine réunion régionale qui rassemble les cadres de l'Île-de-France. Nous échangeons nos mails et nous nous saluons. Puis, presque maternelle, Marie-Christine Arnautu réconforte l'un des adhérents qui se disait quelques minutes plus tôt victime d'une juge aux affaires familiales.

En partant, je salue Caroline, curieuse de savoir quelle avait été ma question à Wallerand de Saint-Just lors de la pause.

J'ai demandé à l'avocat du FN si, malgré des juges dévoyés, nous arrivons à gagner régulièrement des procès. Dans un sourire rassurant, il m'a répondu par l'affirmative, me précisant qu'il était un bon professionnel. « Les dirigeants n'hésitent pas à poursuivre pour injure ou pour diffamation et gagnent le plus souvent. Mais les condamnations sont souvent symboliques et donc peu dissuasives. Malgré tout, la justice reste un service public auquel n'importe qui peut faire appel. De la même manière, lorsque vous êtes attaqué, vous prévenez les flics. D'ailleurs savez-vous ce qu'ils vous répondent ? »

— Non.

— T'avais qu'à voter Le Pen !

Chapitre 19

Dîner chez les Maréchal « Maréchal, nous voilà ! »

« C'est Gabrielle Picard, dont on vient de parler. » Nicole Maréchal me présente à son mari, un vieux monsieur souriant et ventripotent. Sylvain est déjà là, installé sur un vieux fauteuil au milieu d'un salon. Surplombant mon secrétaire départemental, une statue en bois de la Vierge, les mains liées, est placée sur une armoire. Sur la cheminée, c'est une photo dédicacée de Jean-Marie Le Pen qui trône. La collection de petits soldats de plomb s'étale par ailleurs sur plusieurs pans de murs, mais dans la bibliothèque, un autre personnage historique nous observe... Je reprends un biscuit apéritif pour me donner une contenance et refaire un tour d'horizon de la pièce. Le portait du maréchal Pétain est bel et bien visible au fond de la salle à manger !

— À nous, au Front !

Nous sommes huit à lever nos verres. Ce soir, la réunion n'est en effet ouverte qu'aux membres du bureau dont je fais partie depuis quelques jours au titre de responsable des formations-débats. Fonction que je n'exercerai en fait qu'une fois, la campagne n'étant pas propice à ce type de soirée pour les frontistes. Elle me permet en tout cas de faire plus ample connaissance avec « les Maréchaux », tels qu'ils sont surnommés au FN. Christian nous fait l'article pour son vin et comme à son habitude, Sylvain monopolise la parole ou presque. Premier sujet à l'ordre du jour : les réadhésions. Un dossier pris en charge par Loïc, rencontré lors du premier mai. Ce militant de fraîche date, à la tenue vestimentaire et coupe de cheveux classiques nous dresse un panorama exhaustif de la situation.

— Pour l'anecdote, il y a un challenge quand même. Toutes les fédérations participent à cette relance des adhésions, l'objectif c'est : 100 % des adhésions renouvelées. La fédération qui arrive en tête se verra attribuer un ordinateur et deux places pour la convention présidentielle de février, soit inscription, hébergement et repas de gala.

— Et ils tiennent leurs promesses, fait remarquer Nicole dont l'un des membres de la famille avait déjà précédemment remporté ce type de concours.

Quelques olives et crackers plus tard, nous abordons la manière dont nos actions sont perçues notamment sur les marchés. Loïc raconte :

— À Meudon-la-Forêt, c'était assez catastrophique. J'ai eu affaire à un taré. Il a pris le billet de 500 euros de Marine, en me disant : t'as vu ma gueule, je suis arabe, pour qui tu te prends, petit connard. Il a commencé à m'insulter. Je lui ai demandé de prendre ses distances, mais à la fin il m'a menacé. Il m'a dit : je vais me saigner et je vais te cracher mon sida à la gueule.

Commentaire à ma droite : « Ah, c'est bon ça. »

— Et puis, il est parti en nous traitant de bandes d'enculés et de fachos !

— S'il a le sida, c'est bien, il va crever, se réjouit Sylvain.

Personne ne réagit. Mon responsable départemental sourit, satisfait de sa trouvaille.

Christian Maréchal reprend : « Arabe, c'est une race, mais il est français. »

Loïc précise : « Je dis Arabe, parce qu'il s'est revendiqué Arabe. En tout cas, il était Musulman, c'est sûr. Mais bon, ce genre d'incident, ça casse le moral... »

— Cela dit, ce n'est pas inutile, tente de faire valoir Nicole. Lui, il dira, ils ont du courage, ils n'ont pas eu peur de moi.

— Au sujet des Arabes, il faut savoir qu'ils se sont inscrits en masse sur les listes électorales, 20 % des noms sur les listes que j'ai vérifiées sont à consonance arabe. Alors qu'est-ce que ça doit être ailleurs, s'inquiète Christian.

Je profite de cette occasion pour revenir sur les primaires socialistes et faire valoir que si « le hold-up médiatique est une réussite », l'électorat des quartiers populaires ne s'est pas déplacé.

— « Il paraît que des mouvements d'extrême-droite avaient donné comme consigne de voter Montebourg », avance Christian, immédiatement interrompu par sa femme : « Je me demande aussi si ce ne sont pas des gens qui ont voté Hollande pour éjecter l'autre, la grosse. »

Sylvain rit... et revient aux questions matérielles urgentes de la fédération, à savoir les voitures pour le collage.

— Ce serait bien qu'on puisse acheter un véhicule, suggère Sylvain.

— À condition d'avoir un endroit pour la remiser, parce que nous avions un ardent colleur qui habitait à Sèvres et il n'avait pas de voiture personnelle. Donc, quand il collait, il la garait dans les environs et c'est comme ça qu'on la lui a brûlée. Elle a été repérée, rappelle Nicole.

— Dans le sud du département, ils ont un parking...

L'achat de la voiture est mis au vote et définitivement acté. Commence alors le tour d'horizon des candidats aux législatives avec, entre autres, le cas de la seule élue du département en mauvaise posture pour porter les couleurs du Front.

— Marine Le Pen n'a pas confiance en elle. C'est lié au fait qu'elle a soutenu Gollnisch, explique Sylvain.

— Mais Linda, elle n'a soutenu personne, son mari a été le chauffeur de Gollnisch durant la campagne interne, proteste Nicole. Celui qui a été mis à sa place, c'est le chef de cabinet de Jean-Marie Le Pen, ôte-toi de là que je m'y mette. Voilà !

Mais qu'importe pour Sylvain, son problème pour trouver des femmes candidates reste entier.

— Alors, dans la 6e circonscription des Hauts-de-Seine, on aura Camille, elle n'est jamais venue militer. Lors des précédentes élections, j'ai été obligé d'aller chercher en moto son attestation en province, parce qu'elle n'avait pas été capable de la demander. C'est un peu limite. Mais bon, on m'enlève Linda, alors moi aussi j'ai le droit de déconner. Je la mets comme candidate.

Sourire sceptique et amusé d'Antoine, le militant et candidat aux législatives de Levallois qui, comme tant d'autres, a choisi de se présenter sous son deuxième prénom.

— Mais il me faut des femmes, insiste Sylvain. Chantal, elle, n'est pas exceptionnelle non plus. On nous a demandé de présenter des candidats qui tiendront la route devant des journalistes. Gisèle devant des journalistes, elle s'écroule. Elle va être comme ça, poursuit Sylvain dans un numéro d'imitation de tremblante du mouton. Ensuite, à A., ce sera Pierre qui est policier, sa hiérarchie lui a donné son aval. Jeanne sera aussi candidate, elle devrait peut-être s'acheter un ordinateur, mais il va falloir l'aider parce qu'elle aura sans doute des difficultés avec son mulot... Et puis toi, Jean, tu auras Annick comme suppléante.

— C'est l'espionne...

Je demande, intriguée : « Pourquoi tu l'appelles l'espionne ? »

— Y en a qui disent qu'elle est louche, cette bonne femme, m'explique Sylvain.

— En fait, elle travaille au ministère de l'Intérieur. Elle est à la direction de la sécurité civile, complète Jean.

— Mais, de toute façon, vous l'aurez compris, candidat, suppléant, mandataire, nous sommes obligés de nous aimer jusqu'en juin, ou plutôt non, jusqu'à ce que les comptes soient validés, conclut Sylvain.

Nous rions, et à peine ai-je le temps de penser à ma déclaration de désamour que Sylvain à ma grande surprise, aborde un sujet que je n'entendais pas rendre public.

— Gabrielle, t'as eu un problème avec Jean-Paul L. ?

Gênée, je lève les yeux au ciel, mes voisins se moquent aimablement de moi. En fait, Jean-Paul L. est, *dixit* Sylvain, un nazi qui lui écrit depuis des années des mails plus violents les uns que les autres.

Je souhaite alors rectifier les choses : « En ce qui me concerne, ça n'avait rien de politique. »

— Oui je sais, il me l'a écrit : « Je me suis pris un râteau avec la petite Gabrielle. Tu as vraiment très mal choisi ton cadre à Neuilly, il faut que tu la démissionnes. Elle ne vaut rien. » Ce type est un fou. Quand il m'écrivait ces conneries, je m'en foutais, je ne répondais pas. Mais maintenant, tu rentres en ligne de compte, c'est différent. Il m'a prévenu : si je ne te vire pas, il déchire sa carte.

— Mais j'ai besoin que tout le monde réadhère, ça c'est pas sympa pour moi, proteste Loïc.

L'ambiance est bonne, nous plaisantons. — Admettons qu'un jour, quand il milite, il dise une énormité...

— C'est pour ça qu'il faut refuser son militantisme, suggère Antoine.

— Mais si je commence à refuser tous ceux qui me sortent par les trous de nez…, explique Sylvain. En fait, les choses sont simples : soit, Gabrielle, tu acceptes de ne pas lire ses messages, et on continue comme si de rien n'était, soit on le traîne en commission de discipline, ce qui serait relativement facile compte tenu de tous les mails nazis qu'il m'a envoyés depuis des années. En plus, d'après ce qu'il m'écrit, il a déjà été traîné en justice.

— Quand même, Gabrielle, tu pourrais y mettre un peu du tien, me glisse Antoine d'un air narquois.

— Oui, pour la France, reprend Sylvain qui se met à rire aux éclats.

Plus inquiet, Christian, membre de la commission de discipline, demande : « Mais ces messages sont-ils publics ? » Je le rassure, ils sont tout à fait personnels.

— Il suffit qu'un journaliste tombe là-dessus et l'information remonte, et alors le secrétaire général dit : Sylvain ne fait pas son boulot ! Toutes les histoires récentes, c'est comme ça que ça c'est passé. En commission de discipline, nous avons dû arbitrer sur des affaires qui n'auraient jamais dû sortir dans la presse.

— C'est exactement ce qui s'est passé pour Gabriac, le malheureux, ça n'avait pas à paraître dans les journaux, renchérit Nicole.

Le « malheureux », c'est cet ex-membre du comité central du FN et conseiller régional de Rhône-Alpes, pro-Gollnisch, pris en photo faisant le salut hitlérien, d'où son exclusion du parti. Une décision qu'approuve Cédric : « À la veille des cantonales, Marine a été quasiment obligée de l'exclure. La photo, c'était quand même choquant. » C'est alors que, ne sentant pas de répondant en face, Cédric, presque gêné, semble s'excuser dans la minute qui suit : « Enfin, je sais bien que cela ne veut rien dire. »

Que fallait-il alors pour qu'un geste ait enfin une signification aux yeux de ce jeune militant ? Cédric n'avait pas le profil de ces néo-nazis, ces skins que le Front a toujours voulu cacher. Rien dans son habillement ne trahissait ce type d'appartenance. Sans doute était-il effectivement satisfait d'avoir vu sa présidente faire la chasse aux nazis affichés en ce début 2011. Mais un silence désapprobateur avait suffi à lui faire faire machine arrière. Cédric n'était pas là par conviction, mais par une absence de conviction, de conscience politique qui venait de lui faire dire qu'un signe de ralliement à la pire idéologie n'était rien. Il démontrait à cet instant son incapacité à répondre, répliquer, argumenter, protester. Quant à décrypter la stratégie de Marine Le Pen... Pourtant, Christian lui offre l'occasion de se réveiller en faisant une mise au point assez explicite : « Si tu vas chercher pour tous les responsables du Front, vieux. À un moment donné, on a tous eu des relations avec ces gens-là [les milieux néo-nazis]. On était avec eux tout le temps, aux congrès du Front, aux BBR, on était avec eux tout le temps », insiste-il. Cédric se tait. Ce rappel de ce qu'est et a été le Front ne suscite pas la moindre réaction chez mon voisin, pas même une moue désapprobatrice.

Le sujet est clos. Sylvain reprend la main et aborde le thème de la formation des militants pour parler en public.

— Il faut dire des choses suivant la ligne du parti, sans s'étaler trop, surtout il ne faut pas en dire trop et ne pas se laisser entraîner là ou les journalistes veulent nous entraîner, conseille Nicole.

C'est alors que Christian, s'adressant directement à moi, commence à me faire un cours de *mediatraining*... Je savoure.

—Vis-à-vis des journalistes, ce qui est important, c'est de faire passer votre message, il ne faut pas rentrer dans leur jeu et répondre aux questions posées, surtout pas.

J'approuve et finis mon verre par la même occasion. Nous terminons cette soirée par quelques divagations sur la justice. Encore une fois, je remarque un certain décalage de Cédric quant à la ligne du parti et sa nature véritable.

— Au sujet de la peine de mort, j'aurais tendance à ne pas être favorable.

Une nouvelle fois, Christian rectifie les propos de Cédric : « Mais aujourd'hui nous sommes en position d'infériorité vis-à-vis de ceux qui tuent. Nous n'avons pas le droit de les flinguer quand ils font une saloperie. »

J'ajoute que nombre de personnes condamnées n'effectuent pas leur peine. Antoine plaisante : « Regardez-moi, je suis bien sorti ! » Réaction immédiate de Christian : « Ah, il ne faut pas rire avec ça. Moi, j'ai fait de la taule, onze mois. J'avais pris cinq ans lors de la guerre d'Algérie. Et mes droits civiques m'ont été supprimés jusqu'à ce que je sois amnistié. Aujourd'hui, on ne le fait plus aux Arabes qui sont condamnés ! Moi, je ne pouvais plus voter évidemment et je n'avais même plus le permis de chasser ! De Gaulle, qui m'en voulait particulièrement, n'a pas voulu m'envoyer mon amnistie en décembre 66, donc je ne l'ai eue qu'en avril 67, résultat : je n'ai pas pu voter pour les municipales. »

Nous remercions les Maréchal. Christian essaie alors de nous retenir en entreprenant de nous faire l'inventaire de sa collection de santons des rois de France, peints de ses propres mains et chinés depuis des années. Les figurines sont bien rangées dans une vitrine au fond de la salle à manger.

— Ah, mais il est emmerdant avec ses rois, lance Nicole.

Sentant que la soirée pouvait se prolonger encore un bon moment, mon chauffeur fait un au revoir général. Je regarde une dernière fois le maréchal Pétain et m'apprête à embarquer avec Loïc pour un retour sous le signe des problèmes du commerce de proximité.

Très serviable, Loïc fait un détour pour me véhiculer jusqu'à Neuilly, l'occasion de parler des soucis du quotidien...

— Il y a une boulangerie dans mon quartier, où tout le monde vient, enfin, il n'y avait que des cathos, des gens bien, corrects, courtois. Et puis un jour, je vois une voilée et en face ils s'étaient mis à quatre pour discuter avec elle. La voilée s'exprimait dans un français approximatif. Finalement, j'ai dû demander : « excusez-moi, mais y aurait-il quelqu'un pour me servir ? C'était une préférence clairement marquée ».

Je ne sais quoi répondre... J'aurai bien interrogé Loïc sur le fait qu'il aurait peut-être dans ce cas fallu revenir au système des nazis qui interdisaient aux juifs et aux chiens certains magasins et décide tout compte fait de garder ma question pour un autre jour.

CHAPITRE 20

ASSEMBLÉE GÉNÉRALE DES MILITANTS DU 92 : « LE PROGRAMME DU PS, IL EST EN ARABE »

La preuve est imparable, écrite noir sur blanc. Henri montre fièrement un dépliant de Western-Union qui propose des transferts d'argent de la France vers le Maghreb. À la version française s'ajoute la version arabe, plus de doute, « la colonisation à l'envers » est en marche. Ce chauffeur, habitant d'une ville populaire du département a ramené le prospectus de son quartier où il n'entend plus « que parler arabe ». Malgré cet environnement peu propice à l'épanouissement du frontiste, cet adhérent avait pourtant une « vie plutôt agréable » selon Sylvain. Mon responsable fédéral m'avait expliqué qu' Henri était au service « de Princes et de princesses », mais qu'en plus de son activité professionnelle, il louait plusieurs studios dans son immeuble. Mais pour Henri, la préoccupation essentielle en ce début d'assemblée générale du département n'est pas le montant de ses revenus mais « l'invasion arabe ». Et alors que les militants arrivent pour la réunion organisée au Carré, le document de Western-Union fait parler.

— Et ça, on le trouve chez nous, en République française, soupire Thierry. De toute manière, le maire socialiste a signé la pétition en faveur du vote des étrangers.

— Mais le programme du PS est en arabe, plaisante Loïc.

Thierry suggère alors que nous faisions un tract avec pour logo une rose fanée et pour titre : *Allah akbar*. Avant même le début des débats, l'ambiance est bonne, et le ton donné. Arnaud, le responsable du FNJ, se penche aussi sur ledit document.

— C'est intéressant, parce que ça donne une idée de la composition ethnique du public visé. J'ai déjà vu une offre promotionnelle pour la Moldavie ou l'Albanie, explique ce cadre du Front dont l'un des ancêtres au moins venait d'Europe de l'Est.

Quant à Henri, il est dégoûté : « L'argent que tous ces gens envoient, il devrait rester en France. Quand ils [les Arabes] repartent au bled pour leur retraite, ils ne devraient plus recevoir de pension. Tout est à revoir », conclut le militant.

Dans ce cas, il aurait fallu remettre à plat le principe des cotisations versées durant des années par ces anciens salariés. Le chantier s'annonçait donc vaste, effectivement...

Avant de lancer cette grande réforme fiscale, nous accueillons Sylvain, très satisfait du succès de la réunion.

— Ah c'est bien, on est plus de 40. Bon, je tutoie tout le monde, c'est plus simple. Et puis nous sommes appelés à devenir intimes puisque nous allons en effet passer des nuits ensemble... à coller des affiches !

Coller mais pas uniquement : mon responsable départemental nous dresse l'inventaire des actions à mener et des postes à pourvoir, candidat, suppléant, mandataire, chacun peut prendre une part active dans la campagne. Le Front offre à tous ses militants ou presque la possibilité de prendre des responsabilités. En tant que chargée des formations-débats, je résume la conférence de Wallerand de Saint-Just.

Arnaud complète : « Il y a aussi un problème de recrutement dans la magistrature. Au concours de l'ENM, l'épreuve la plus importante est celle de la culture générale, par conséquent, beaucoup d'étudiants viennent de Sciences Po Paris. Et ce que l'on y enseigne est très éloigné de nos idées... Se pose aussi la question de la Cour européenne des Droits de l'Homme. La France s'est, par exemple, fait condamner pour torture et traitements inhumains pour avoir refusé un médecin à un multirécidiviste. » Ce jeune cadre, juriste de formation et aujourd'hui chasseur de tête, s'exprime avec assurance, n'hésitant pas à se mettre en avant. Son discours très posé et construit tranche avec d'autres interventions plus spontanées. Également très à l'aise, Nicole, qui avait suivi le colloque sur l'éducation il y a quelques jours. L'occasion de faire un compte rendu et de relater une anecdote familiale : « Cette année, ma belle-fille a voulu inscrire son fils aîné à des cours d'arabe proposés par l'école et le consulat du Maroc. Initialement, elle avait dit non, et puis comme sa mère est née à Tunis, et que nous venons d'Algérie, finalement elle s'est dit : pourquoi pas ? Mais la maîtresse a expliqué à mon petit-fils : les cours ne sont pas pour toi, tu n'es pas arabe. »

L'histoire rend un peu mal à l'aise l'auditoire.

Sylvain a une explication toute trouvée à ce refus d'inscription : « il y a une raison simple : le manuel d'apprentissage de l'arabe, c'est le Coran, donc... C'est aussi un cours religieux ».

Nicole balaye d'un revers de main la réflexion de mon responsable : « Là-dessus, nous sommes blindés, on s'en fiche. »

La démonstration vient d'être faite que l'école publique encourage le communautarisme. Un exemple malheureux a suffi. Une nouvelle fois, doctement, Arnaud reprend la parole en multipliant les exemples à l'étranger. « Nous aurons donc des générations qui se sentiront en dehors du cadre national. C'est la déconstruction et donc la destruction de notre nation qui est en marche. »

Et Sylvain de rappeler que le Front compte désormais dans ses rangs des enseignants, signe de l'état actuel de déliquescence de l'Éducation nationale.

En résumé, comme nous le déclare un adhérent : « pendant 20 ans, les profs ont défilé en disant "Touche pas à mon pote" et maintenant ce sont leurs potes qui leur tapent dessus, donc ils ne comprennent pas ».

Un autre militant se montre, lui, plus sensible au malaise des enseignants, paraissant révolté par un fait divers récent : l'immolation d'un professeur à Béziers.

Il aurait d'ailleurs souhaité que la presse en parle davantage. Pour Guillaume s'offre alors l'occasion de déraper une nouvelle fois, peu importe la cohérence des propos : « Sur ce type de sujet, les médias préfèrent ne pas trop en faire. Mais, en ce qui concerne l'instituteur qui a découpé quelqu'un à la préfecture parce que cette personne refusait de lui délivrer un port d'arme, les journalistes ont donné son nom. C'aurait été un Arabe qui aurait fait la même chose à Pôle Emploi, on ne connaîtrait même pas son prénom. » La presse avait naturellement pour Guillaume cette mission de protéger les « Arabes criminels », des « Arabes qui allaient à Pôle Emploi », puisque, bien sûr, il était inenvisageable qu'ils puissent travailler...

Sébastien rebondit lui aussi sur cette histoire dramatique et a une solution toute trouvée aux « pétages de plomb de certains » : « les gens n'ont qu'à voter correctement ! Depuis des années, on leur tend la main, on leur propose des solutions, mais on nous crache dessus ».

Sylvain approuve, lui aussi est pour une politique de prévention des suicides *via* les urnes et le FN...

— Généralement, les personnes qui se donnent la mort sont des abstentionnistes. Quand on vote, on nous rejoint et ça motive. Donc on se défend au lieu de se tuer.

— À la rigueur, on arroserait les autres, suggère Nicole sur le ton de la plaisanterie.

« Arroser les autres », autrement dit faire feu sur une partie de la population, je peine à sourire malgré l'humour de celle qui me fait face.

Sylvain conclut : « oui, je préfère des combattants aux suicidés ».

Les combattants repartent bientôt regonflés pour de nouvelles actions en perspective. Il nous est vivement recommandé de nous armer de tracts et d'affiches. Au retour, Gisèle l'infatigable, Damien l'antigauchiste et moi-même profitons de la serviabilité d'Henri, pour un retour en voiture, encore riche en analyse politique, sociologique et religieuse.

Gisèle se désole du nombre d'adhérents FN sur Gennevilliers : seulement huit personnes payent une cotisation au Front.

— Pourtant, j'en ai bavé, j'ai énormément tracté.

— Mais, c'est normal, il n'y a presque plus de Français, avance Henri.

— Il y a les cocos et les Africains, précise Damien.

— Mais pourquoi s'embête-t-on à garder tous ces gens-là chez nous ? Ils ne sont quand même pas très instruits. Bon, il y en a qui sont corrects, il ne faut pas être méchant, admet Gisèle, l'ancienne garde-malade.

Pour Damien, ce laxisme est simple à expliquer : « il y a 50 % de cons de gauchistes... Les cons n'avaient d'ailleurs réussi ni à déloger les Africains, ni à recouvrir les affiches du Front, que nous admirons à notre passage dans les tunnels de la Défense. » Damien est fier de nous montrer le résultat de son travail nocturne, encore intact.

C'est donc sous le regard de Marine, que mes « camarades » repartent à l'attaque des musulmans.

— À Villeneuve-la-Garenne, ils ont construit une mosquée, ils ont fait démolir ce qui était aux Français, déplore Gisèle.

Rien que de très logique selon Henri, puisque « démographiquement, ils nous mangent. Il faudra attendre la quasi-submersion pour que les Français réagissent. Dans les campagnes, ils ne se rendent même pas compte de ce qui se passe, donc, ça leur fera drôle de se retrouver un jour avec un maire musulman ».

Le musulman pouvait en effet entrer en politique et selon Gisèle, il se pouvait que les intrusions aient déjà commencé... « Mais juste derrière Martine Aubry, Harlem Désir, c'est un Arabe, qui c'est ce type ? Un Arabe ? En tout cas, c'est une saleté ! »

Mitterrand est, lui, gratifié du terme d'ordure, reste que le problème est plus vaste car, comme le dit Damien, « il y aura toujours 50% de gauchistes ».

Un chiffre qui n'est pas loin de décourager Henri, qui se donne encore quelques mois pour espérer un changement radical : « j'attends 2012. S'il ne se passe rien, j'arrêterai de militer, parce que j'en aurai marre de perdre mon temps pour des connards. Je continuerai de voter mais, après tout, si les Français veulent se faire islamiser… »

Enfin, nous arrivons à proximité de mon domicile. Je descends, laissant mes combattants à leur trouille, puisque j'étais incapable de voir que « nous nous faisions dévorer ».

Chapitre 21
Discussions entre militants sur le marché

Le chapeau enfoncé jusqu'aux oreilles, Gisèle, bien qu'elle souffre toujours du genou, est toute guillerette, comme à son habitude. L'équipe de choc Sylvain-Gisèle-Gabrielle s'est une nouvelle fois constituée, direction le sud du département pour une opération marché avec Jean, responsable du secteur Sud. Nous empruntons le périphérique, ce qui n'est pas sans causer quelques frayeurs à Gisèle.

— Bon maintenant, c'est moi le chef dans la voiture, annonce-t-elle.

Sylvain prend acte et questionne :

— Gisèle t'as toujours été guidée par la peur ?

— Oui, mais quand j'étais petite, j'ai été martyrisée. Enfin, ce serait trop long à expliquer...

— Il serait quand même temps de changer de logiciel, c'est triste d'avoir peur tout le temps, suggère Sylvain.

Les deux piliers du département aiment se chamailler et s'entraider. Hier soir, Sylvain est d'ailleurs passé chez Gisèle pour un dépannage informatique assorti de quelques conseils. Mais ce matin, c'est elle qui donne des leçons à notre responsable départemental.

— T'es une sale bête, Sylvain. Ta mère, tu ne peux pas lui reprocher de ne pas soutenir le Front. Le vote relève de la liberté individuelle.

— Mais elle refuse de s'informer, alors les imbéciles heureux, ils m'énervent. Elle est persuadée que le racisme est quelque chose d'horrible. En fait ma mère doit penser que mon attitude à l'égard des musulmans est comparable à celle des nazis vis-à-vis des juifs durant la guerre. Seulement, les juifs aujourd'hui sont 800 000 environ, donc je n'en ai rien à foutre, ils ne me dérangent pas plus que ça, mais les Arabes sont entre 5 et 15 millions, on ne sait pas exactement et ils font chier !

Gisèle en déduit que la mère de Sylvain doit vivre aisément « dans sa bulle » et surtout ne pas côtoyer « ces gens-là ». Sylvain confirme et reprend le contrôle de notre vitesse de croisière, parce que si « on va à la vitesse de Madame »... Après une légère accélération, nous entrons dans le secteur de Jean.

À un feu rouge, un mendiant tente désespérément de faire baisser leur vitre aux automobilistes. Sylvain ne donne jamais la pièce, Gisèle « pas cette fois ».

— Ce matin, j'ai entendu à la radio le responsable d'Emmaüs ou des Restos du Cœur. Il protestait contre la réduction des aides européennes. Mais à qui vont-elles ces aides ? À tous les étrangers qui viennent s'incruster sur notre sol ?, proteste Gisèle.

Pourtant, cette militante entasse chez elle des vêtements qu'elle remet de temps en temps à une association caritative. L'Action sociale populaire, proche du FN, distribue systématiquement de la soupe au lard aux SDF afin d'exclure les sans-abri de confession musulmane. Une discrimination qui ne déplaît pas à Gisèle, qui une nouvelle fois nous dit qu'elle ne comprend pas « qu'on s'embête à garder une race comme ça chez nous ».

Arrivés sur le marché, nous retrouvons Jean déjà en poste. Cet ancien pompier, à l'air jovial, a le sens des engagements tenus, le reste de l'équipe aussi. Bravant le froid, nous tractons. Gisèle ne cesse de crier : « Des informations pour les élections ! » Un jeune homme maghrébin d'une trentaine d'années s'approche ; il refuse le tract, mais entame la conversation.

— J'ai demandé la nationalité française, mais sans succès. J'ai fait une bêtise quand j'avais 16 ans. J'ai été condamné, mais ensuite je me suis tenu à carreau. Aujourd'hui, j'ai bac +5.

Notre interlocuteur précise qu'il a fait toute sa scolarité en France et qu'il travaille depuis maintenant 7 ans.

— Je suis né en Algérie et je suis arrivé en France à l'âge de 6 mois. Mais ce genre d'histoire, ça m'étonnerait que Marine y soit sensible.

Gisèle reste silencieuse, Jean ne semble pas être pris au dépourvu, quoique : « Pour des gens francs comme vous qui avez demandé la nationalité... » Il peine à finir sa phrase et se reprend : « En fait, nous sommes contre ceux qui profitent.

— Mais j'ai travaillé durant des années dans les échanges franco-algériens, proteste notre interlocuteur.

Jean trouve cela « très bien », le jeune homme enchaîne :

— Il faudrait trouver un nouveau contrat social, il faut arrêter de faire peur.

Les propos font bondir Gisèle : « Non mais, comme si on avait des têtes à faire peur aux gens, nous ! Oh halte-là ! Nous ne faisons pas peur, ce sont nos adversaires qui nous diabolisent, c'est différent.

— Mais, après vous avoir raconté mon histoire, vous pensez qu'il faudrait m'accorder la nationalité française. Mes parents sont nés en France.

— Alors, ils sont Français, rappelle la militante frontiste, oubliant un instant que le FN réclame le retour au droit du sang.

— En fait ils sont nés en Algérie, mais avant 1962, du temps de l'Algérie française.

Gisèle fronce les sourcils et décèle qu'il y a là « un schmilblick ».

N'attendant pas plus d'éléments de réponse à sa question initiale, le jeune homme repart sans tract.

L'opération marché se poursuit, mais nous peinons à écouler notre stock de feuilles à l'effigie de Marine. Gisèle a repéré de grands ensembles d'immeubles non loin de la rue où nous tractons, elle part donc à la conquête des boîtes aux lettres, par souci de productivité maximale.

Après deux heures de militantisme plus ou moins intense selon les membres de l'équipe, nous reprenons le chemin du retour. Gisèle nous fait part de ses quelques inquiétudes quant au profil de notre potentiel futur président.

— Hollande est divorcé de sa femme. S'il est élu, qui aura-t-il à ses côtés ?

— On s'en fout, rétorque Sylvain.

— Mais, non, on ne s'en fout pas. Quand le président part à l'étranger, il emmène sa femme, fait valoir Gisèle.

Sylvain finit par lui répondre que François Hollande a pour compagne une journaliste de *Paris-Match*.

— Est-ce qu'il a eu un enfant avec elle ?, poursuit Gisèle.

Sylvain est désolé : « Mais tout ça, ce ne sont que des cancans. Ce qui nous importe, ce sont les idées. »

Pour Gisèle, « idées et vie privée forment un tout, il ne faudrait tout de même pas que nous ayons un président qui ait une vie dissolue... »

Je fais valoir que Marine Le Pen n'est pas mariée et a déjà divorcé deux fois.

Gisèle en convient, c'est là une faiblesse de notre candidate, parce que quand même « ça la fout mal ».

La conversation agace notre secrétaire fédéral qui se revendique divorcé et instable. Il est néanmoins un domaine dans lequel Sylvain brille par sa constance : sa volonté farouche de convaincre en toutes circonstances du « bien-fondé » des idées du Front.

— Je dis toujours aux gens qui sont sceptiques : venez, adhérez et vous verrez, c'est pas cher, dit-il en prenant l'accent pied-noir. Ce matin, j'ai discuté avec deux jeunes femmes, dont l'une était d'extrême-gauche. Elle était noire, je lui ai dit que ma copine aussi, elle est Martiniquaise.

L'information est glissée subrepticement... Celui qui a posté la vidéo d'un ancien dirigeant du Ku Klux Klan sur son blog partage sa vie avec une femme d'origine antillaise, également membre du FN.

Chapitre 22

Une entrée parmi les quatre meilleurs militants du FN 92

Après le bureau fédéral, au début du mois, je fais cette fois mon entrée dans le top quatre des meilleurs frontistes du département ! À ce titre, me voilà donc invitée au Carré pour l'enregistrement de la 250e édition du « Journal de bord de Jean-Marie Le Pen », le président d'honneur du FN ayant souhaité que chaque secrétaire départemental d'Île-de-France vienne accompagné de quatre militants « choisis en fonction de leur mérite au cours des derniers mois ».

Sont donc conviés Gisèle, Cédric, Caroline et moi-même pour notre département, mais aussi les représentants de la presse...

Évocation de l'interview présidentielle de la veille, de la situation en Libye, de l'affaire Strauss-Kahn, de la proportionnelle et des futurs mémoires de Jean-Marie Le Pen, autant de sujets passionnants pour Gisèle qui s'endort...

À la fin de l'intervention, Sylvain me demande si je souhaite un autographe de « Jean-Marie ». Je fais valoir à mon responsable départemental que notre président est très sollicité et que si je suis au FN, je ne suis pas pour autant une véritable groupie, le culte du chef avait ses limites...

Me voilà ensuite présentée à Ludovic, responsable de l'action militante du 93. Grand, baraqué, souriant, cet ex-militaire est un catholique intégriste, également friand des activités nocturnes entre frontistes.

— Gabrielle, qui s'investit beaucoup, mais elle ne colle pas encore, regrette Sylvain.

— Ah, mais vous verrez, avec l'odeur, tout ça, ça deviendra très vite une drogue...

— Enfin chez nous, on les fait à jeun les collages, parce que vous c'est en buvant de la bière...

Quoi qu'il en soit, je ne participerai à aucune des opérations collage de Sylvain, avec ou sans bouteilles de bière. Les contrôles d'identité étant fréquents, je ne souhaitais pas finir au poste ; je manquais par-là même ce que Sylvain appelait « un travail d'artiste ».

Frustrée de ne pouvoir militer aux heures les plus indues, je me dois alors d'incarner ma nouvelle fonction de responsable des formations. Sylvain m'emmène dans les sous-sols du Carré à la recherche d'une machine à plier pour mon futur courrier, machine que nous ne trouverons pas. Dans l'ascenseur, je rencontre Erik.

— C'est le patron du DPS, Département Protection Sécurité, donc si tu as besoin, tu demandes à Monsieur.

Je prends note. Erik a deux fois mon gabarit, un sourire inexistant et un grand costume noir.

— Si tu organises une opération militante et tu penses qu'il y aura des ennemis, Sylvain se reprend, enfin des adversaires, il faut s'adresser au DPS.

Je fais valoir que je ne me sens pas l'âme d'une kamikaze.

— Bon c'est surtout quand vous faites venir des personnalités. Mais quand vous êtes seule, n'hésitez pas aussi à nous demander. Pour votre sécurité...

Je remercie Erik. Ma sécurité allait bientôt être effectivement mise à mal, mais le DPS serait tenu à distance.

Un de mes anciens confrères, qui m'avait déjà saluée avant l'intervention de Jean-Marie Le Pen, repasse à l'attaque alors que je suis en compagnie de Caroline et de Gisèle au buffet.

— Alors, qu'est-ce que tu deviens ?

Lui lançant un regard noir, j'affirme ne pas le connaître et me réfugie dans les toilettes. Mes camarades n'ont rien compris, happés par leur conversation. Caroline est scandalisée par le calvaire d'une libraire de la banlieue parisienne, détaillé sur internet. « Son magasin était le seul commerce français du quartier. Tout a été fait pour la décourager. Elle a été volée, tabassée, et aussi violée. C'était lors d'une tournante. Elle a reconnu ses agresseurs qui étaient des jeunes de son quartier. Il y en a un ensuite qui s'est fait descendre. Moi, dans mon for intérieur, je me serais dit, un de moins. Enfin, c'est horrible. »

Moi, dans mon for intérieur, je me dis de te taire ! Nous interrompant dans notre conversation, Marine Le Pen vient nous serrer la main. Ce sera mon seul contact avec « ma » présidente, pour laquelle j'allais peut-être dans les jours à venir porter le maillot ou plutôt la marinière.

Sylvain vient alors chercher ses meilleurs militants pour une séance d'essayage.

— On pourrait mettre ces grands tee-shirts rayés pour les distributions de tracts ?

Tant qu'à avoir honte sur les marchés en y représentant le FN, je pouvais bien être par la même occasion ridicule, au point où j'en étais...

Sylvain enfile sa parka et sa marinière « *made in CEE*, ce n'est pas *made in China*, au moins ce sont des chrétiens », souligne mon responsable.

— On dirait patapouf, commente Gisèle.

Caroline est dubitative, Sylvain insiste : « Allez, Gisèle, va chercher ton manteau et essaye, l'important, c'est d'être visible. »

En version bibendum ambulant, nous pouvions en effet être repérables à 50 mètres.

Mais en attendant de nous convaincre de la pertinence de sa trouvaille, Sylvain doit s'atteler à une autre tâche de communication, auprès cette fois des maires. J'ai accepté de l'accompagner dans cette démarche. Nous nous rendons au bureau de Florian Dufait, qui jouxte celui de Louis Aliot.

Jeune, la cigarette à la main, cet ancien numéro deux du FNJ a été recruté pour la campagne afin de seconder Dominique Martin, le responsable du dossier parrainage.

En cette fin d'octobre, Florian paraît confiant : « Nous partons sur une base de 117 élus, donc ce sont autant de signatures acquises. Pour l'instant, nous ne sommes pas en retard par rapport aux années précédentes. Mais sur les quelque 300 élus toujours en poste et qui avaient donné leur parrainage à Jean-Marie Le Pen en 2007, nous espérions récolter 150 à 180 pré-engagements. Or, les maires qui nous ont répondu cette année, n'ont jamais signé pour le FN. Ceux qui l'ont fait lors des précédents scrutins ont subi tellement de pressions ! Les maisons taggées, les coups de fils anonymes, les menaces, le conseil général qui vous refuse des subventions...

Quant à savoir combien de promesses le Front a d'ores et déjà reçues, le secret reste bien gardé.

— Nous n'avons pas le droit de le dire. Mais les signatures, on les aura de toute manière. Il faudrait qu'en février on ait terminé de démarcher les maires. Mais en 2007, entre les pré-engagements et les véritables promesses, nous avons eu 40 % de pertes. »

Un chiffre qui n'allait pas me démobiliser, loin de là. Je souhaite bon courage à Florian et redescends grignoter les restes du buffet. Autour des petits fours, Michel Guiniot, membre du bureau politique et conseiller en charge de la question de l'immigration pour la campagne de Marine Le Pen, qui me semble avoir bien profité des victuailles et des boissons... Engagé depuis 1988, il est aujourd'hui conseiller régional de Picardie et conseiller municipal de Noyon, dans l'Oise, mais il est surtout fier de n'être pas considéré comme un pestiféré par ses homologues et néanmoins adversaires politiques. « Je suis un des rares représentants nationaux du Front à déjeuner à titre personnel avec mon président de région dans des restaurants à Paris, alors qu'il est socialiste. Avec Huchon aussi, il m'est arrivé de manger. Attention, je ne bouffe pas dans l'intérêt de Michel Guiniot, mais dans l'intérêt du Front. Quand vous avez en face le patron de la région ou du département, vous lui dites : voilà, j'ai un certain nombre de personnes qui n'ont pas de logements. Le vendredi, vous en parlez, et le lundi, le problème est résolu. »

Gisèle se tient à quelques mètres, déjà emmitouflée dans son manteau. Elle n'ose s'avancer et semble m'attendre. Elle qui est absolument convaincue de la soi-disant priorité faite aux étrangers dans l'attribution des logements aurait pu être « rassurée » par le clientélisme revendiqué d'un cadre du Front.

Nul besoin d'aborder à nouveau le sujet avec elle mais, dans le cas présent, je ne peux échapper au retour en bus avec la plus dévouée des militantes. Elle m'apprend qu'elle ne se contente pas de consacrer plusieurs de ces journées par semaine au Front, mais qu'elle est aussi une « bienfaitrice » du FN. Sa cotisation annuelle ne s'élève pas à 50 euros, mais à 250 euros.

— Enfin, cette année, j'ai donné un peu moins, parce que j'ai investi dans du matériel informatique dont je me sers juste pour le Front. Les soirées au restaurant, je vais essayer d'y aller aussi. Et pour la campagne, j'ai versé 7 500 euros.

— Pardon ?

— 7 500 pour louer les salles, etc. Comme je ne me sens pas capable d'être candidate...

J'accuse le coup. Gisèle est toute fière ! Demain aux aurores elle prendra le RER pour se rendre à un tractage à l'autre bout du département. Sylvain lui a proposé de l'emmener en moto, mais elle a refusé, parce qu'en ce moment elle a des problèmes avec sa mutuelle.

CHAPITRE 23

RÉUNION DE CADRES AU MONT VALÉRIEN ; « ON SE MET DES CAGOULES ET ON SE L'EMMÈNE LA FOUREST EN FORÊT DE RAMBOUILLET »

7 novembre, le bureau politique vient à peine de se terminer ; j'aperçois Jean-Marie Le Pen qui s'apprête à partir. Autour de la table, n'ont été conviés que les secrétaires départementaux, leurs adjoints et moi-même, invitée par Marie-Christine Arnautu et Sylvain. La vice-présidente du FN m'embrasse, toujours chaleureuse et souriante. J'hésite à m'installer, puis reconnais l'un des secrétaires, Dominique Joly.

— Si tu viens aux réunions maintenant, c'est que tu as pris des responsabilités, tu es un pilier de ton département.

Le pilier est flatté.

— Ah, voilà ton boss !

Sylvain s'installe à mes côtés et, à peine ses affaires posées, nous assure que Marine sera élue présidente.

— Une adhérente me l'a garanti, elle a consulté un voyant. Donc, c'est gagné, pas besoin de faire campagne !

En attendant que les prédictions se réalisent, notre vice-présidente nous rappelle l'ordre du jour : les signatures, les adhésions et le premier week-end de décembre. « Par ailleurs, Gabrielle, ce qui se dit ici est totalement confidentiel. »

J'acquiesce, le message est reçu.

Après un bref passage sur les législatives, arrive Dominique Martin, le monsieur signatures de la campagne.

— Viens à côté de moi, mon nounours, demande Marie-Christine Arnautu, qui, contente de son effet, s'adresse à l'un des participants de la réunion : « Mais tu n'as pas tout entendu, parce qu'avant que tu n'arrives, il m'a demandé de l'introduire. Ce que je vais faire avec plaisir. »

Elle rit.

Nounours ayant pris place, il est cette fois présenté comme le « kamikaze qui a accepté de prendre la responsabilité des signatures des maires ».

— Sachez que si Marine a décidé de vous faire un *briefing* le 19, c'est parce que ça commence à urger. D'autres, dont Dupont-Aignan, passent en personne pour les signatures or, d'après ce que j'ai cru savoir, il en aurait déjà récolté près de 400. Il va donc falloir sérieusement s'activer. Il est hors de question de prendre la signature des maires à la légère, parce que les expériences précédentes restent douloureuses. Cette année, il y aura encore moins de maires qui accepteront de signer, comparé à 2007 et 2002. C'est la lâcheté des élus. Donc, pour vous aider à les convaincre, vous trouverez dans le classeur tous les arguments à faire valoir. Tous les cas de figure sont envisagés. Il faut vous en imprégner, parce qu'arriver avec le classeur devant le maire et lui dire : attendez, je vais regarder l'argument de réponse numéro tant, ce n'est pas possible.

En revanche, il est possible voire nécessaire de préciser à des cadres du Front qu'ils ne doivent pas lire textuellement en entretien certains argumentaires du document fourni... Pourtant, le fameux classeur contient notamment « les arguments de la réplique », rédigé sous forme de dialogue théâtralisé des plus réussis !

Ainsi, au paragraphe 5 – intitulé : « On vous répond : je ne fais pas de politique dans ma commune » –, il est proposé aux secrétaires départementaux d'enchaîner de la manière suivante : « Personne ne vous demande un engagement partisan. Comme cela a été indiqué, en accordant votre signature, vous attestez simplement que celui-ci est sérieux, crédible et représentatif d'un important courant d'idées dans l'opinion.[...] Marier un couple de fiancés communistes ne fait pas de vous un maire communiste. Enfin M. Le Maire, permettez-moi de sourire, mais comment donc avez-vous été élu ? Il a bien fallu que vous défendiez un programme, des projets pour votre commune au service de vos concitoyens. Si je ne m'abuse, c'est faire de la politique... »

Et « si on vous répond : je vais subir des pressions » ? Là encore, le cadre FN peut apprendre sa réplique par cœur avec, en introductio,n ces quelques mots rassurants : « ne soyez pas inquiet, cela n'arrive que très rarement, et ce serait bien le diable que cela tombe sur vous. » Mais, à en croire les déclarations de la présidente du FN, le diable faisait en sorte que cela tombe régulièrement sur les maires signataires... Enfin, si l'élu démarché répond « j'ai déjà signé », là encore avec beaucoup de spontanéité, le frontiste peut commencer sa réplique par le paragraphe 8 : « C'est formidable, M. le maire, vous jouez le jeu normal de la démocratie en permettant à un candidat de l'être, je vous en félicite. Puis-je savoir de qui il s'agit ? »

« On a essayé d'être très concret », précise s'il en était besoin Dominique Martin qui, au passage, trouve le document « pas mal fait », et distille encore quelques précieux conseils :

— Quand vous allez voir le maire, il faut le gratter là où ça le démange. Parlez-moi de moi, il n'y a que ça qui m'intéresse. Il faut capter sa sympathie, détecter ce qui l'intéresse. Il faut essayer de connaître son métier, savoir un maximum de choses sur le maire. C'est un travail de séduction.

Un travail pour lequel le classeur offre également une arme : les photos de Marine. Dans les étapes à respecter lors des futurs entretiens en mairie, il est en effet recommandé de montrer Marine en tenue d'avocate, Marine en famille sur son canapé, Marine avec les ouvriers, Marine au Parlement européen avec papa, Marine au conseil municipal d'Hénin-Beaumont avec Steeve, Marine répondant aux journalistes et Marine souriante au milieu de la foule... Je cherche un instant Marine fait du vélo et Marine fait du ski, en vain... L'objectif des photos est double, est-il indiqué : « montrer que Marine est une femme de son temps, une femme politique de terrain et ridiculiser la diabolisation ».

Une fois séduit, le maire doit donc faire l'objet d'un rapport.

— Ensuite, vous remplissez la fiche de renseignements. En page une, on récupère toutes les données personnelles, puisqu'il faut nourrir notre base de données et, en page quatre, vous donnez votre sentiment : doit-on laisser tomber ou doit-on continuer à travailler ?

La fiche est encore plus précise : « Tous les détails que vous constaterez méritent d'être rapportés. Par exemple : prise de position sur la famille, la peine de mort, l'euro, la dette, l'Europe, la chasse, l'environnement. A t-il été militaire ? A-t-il été décoré ? Fait-il partie d'une association ? La commune souffre-t-elle de nuisances (*rave party*, gens du voyage...) ? »

À partir de tous ces rapports d'entretien, le Front se constitue un fichier aujourd'hui riche de près de 7 000 noms.

— Nous ne sommes pas en train de sonner le tocsin, poursuit Dominique Martin. Comparé à 2007, nous ne sommes pas en retard, mais il faut éviter qu'en mars, ce soit la cavalerie, c'est-à-dire que le candidat ne fasse plus campagne et qu'on soit obnubilé par les signatures pendant trois ou quatre semaines. Avec Florian, nous ne sommes que deux pour récolter les signatures. Je vous rappelle qu'en 2007, il y avait quand même une cellule Lacroix-WC de 15 personnes plus 10 démarcheurs salariés, permanents sur tout le territoire.

L'allusion aux sanisettes passée, Marie-Christine fait remarquer avec un sourire étonné qu'un Jean-Louis Cohen avait signé en 2007. Je doute que s'il s'était agi d'un Jean-Louis Dupont, l'expression du visage de ma vice-présidente eût été la même... D'ailleurs, le secrétaire départemental et ancien élu régional du FN lui réplique, toujours au micro :

— S'il n'y en avait qu'un... Je l'ai appelé, mais je ne l'ai pas vu, précise encore Dominique Joly.

L'allusion antisémite n'a bien sûr été relevée par personne, pas plus par la présidente de la séance que par un autre participant, au cours de la réunion ou après celle-ci. L'heure est plutôt au développement des arguments vis-à-vis des maires et Sylvain souligne une absence dans « les arguments de la réplique ».

— Il n'y a pas celui que l'on pourrait utiliser vis-à-vis d'un élu de gauche. À savoir qu'il serait intéressant pour lui de donner sa signature pour la candidature de Marine afin qu'elle puisse éliminer Sarko. Dans ce cas-là, les socialistes auront beaucoup plus de chances de gagner que face à Sarkozy.

— C'est un argument qui tombe sous le sens, mais comme c'est un document qui est appelé à être diffusé, il y a des choses qu'on ne peut pas trop dire. Mais il est clair que c'est l'argument qu'on utilise depuis des années, reconnaît Dominique Martin. Un maire UMP, il faut le convaincre de signer pour Marine, et lui dire : écoutez, si Marine Le Pen n'est pas candidate, le Front va appeler à voter Hollande, c'est simple. Ensuite, pour voir les maires, le mieux c'est d'avoir un rendez-vous mais, parfois, le maire d'une commune rurale, on le chope au cul de la vache ou à l'arrière du tracteur. Il faut simplement lui expliquer que vous êtes délégué de Marine Le Pen pour l'élection présidentielle : « M. le Maire, il est normal que je vienne vous voir et il est normal que vous nous receviez, parce que cette candidate est donnée dans le trio de tête, et qui sait, elle sera peut-être présidente. » Il faut quand même être assez mordant.

Mais pas seulement, comme l'indique le document intitulé « 10 recommandations pour l'entretien avec les maires », le militant frontiste en quête de signatures doit être « convaincu pour être persuasif, souriant, ouvert, confiant et ponctuel ». Plus précisément, il est vivement conseillé d'être « entreprenant » mais de bannir « toute forme d'agressivité ou ce qui pourrait être perçu comme sectaire ». Les cadres du parti ont donc pris soin de tout mettre noir sur blanc, jusqu'à la mention « conserver hors du regard du maire » au cas où un délégué départemental aux signatures aurait usé d'autres méthodes...

Et Marie-Christine Arnautu de battre encore une fois le rappel des troupes, sur un ton presque autoritaire.

— D'ici au 15 décembre, nous devrons avoir visité l'ensemble des maires ciblés. En face de chaque nom, il faudra savoir si oui ou merde ils veulent signer. Les jeunes, vous pouvez vous y mettre, les Parisiens aussi. Faites comme certains chez nous, prenez des titres, faites des belles cartes de visite, enfin vous savez comment faire...

— Doit-on aller voir les maires ne serait-ce que pour imposer notre présence ou est-ce que ce n'est pas la peine ? demande Nicole.

— Ce qui est important, c'est de faire valoir aux maires les résultats des cantonales. Ce sont même ces municipalités-là qui sont prioritaires. Il faut que Marine soit dégagée de ce problème au plus vite, d'autant que Sarko veut une campagne courte, puisqu'il se présentera officiellement en février. Par ailleurs, nous allons avec Marine au Salon des maires. Et là, nous essayerons de repérer les élus qui ne nous sont pas hostiles et nous leur donnerons discrètement une brochure, quitte à les recontacter après en essayant d'avoir leur carte de visite. Ce sera une mini-chasse au Salon des maires, avec une quinzaine de personnes. Pour être clair, beaucoup de gens pensent à l'extérieur, mais chez nous aussi, qu'avec Marine ce sera plus simple d'obtenir les signatures, eh bien l'expérience prouve que non. Imaginez deux minutes que Marine ne puisse pas être candidate à cause des parrainages. Il n'y aura pas de révolution. La presse se fera l'écho de l'indignation durant trois ou quatre jours et puis ce sera fini, elle ne sera pas candidate, c'est envisageable. Nous les premiers, nous pensions qu'elle serait moins diabolisée. Or, il y a les mêmes pressions chez les maires et des gens comme Boutin, Dupont-Aignan, Chevènement sont bien là pour épurer les signatures.

Personne ne pose plus de question, Dominique repart sous les applaudissements, nous passons alors aux colloques du think-tank Idées-Nation et à leurs publics.

— Je vous demande de bien faire passer l'information sur ce type de manifestation, parce que quand Marine est arrivée la dernière fois, la salle était quasiment vide. J'ai eu des sueurs froides. Et qui se fait engueuler dans ces cas-là ? C'est moi, se plaint notre vice-présidente.

— Ciblez les personnes nées avant 1950, parce que, venant de Paris, il y aura beaucoup de cheveux blancs, précise également Hubert, le secrétaire adjoint de la capitale.

Troisième thème de la soirée : les adhésions, et « ça aussi c'est strictement confidentiel, donc, si ça sort, ce ne peut venir que d'ici », annonce en préambule Marie-Christine Arnautu :

« Donc, en Île-de-France, nous avons 5 419 adhérents à jour de cotisation au 31 octobre. Paris s'est fait griller, puisque les Bouches-du-Rhône arrivent premiers avec 1 382 adhérents et Paris 1 324 avec une progression de 23,85 % (depuis le 1er janvier). Paris est deuxième.

Huitième, le 92 avec 737 adhérents et une progression de 41,46 %.

Dixième, les Yvelines avec 713 adhérents et une progression de 37,91 %.

Onzième, la Seine-et-Marne avec 690, + 72,07 %.

Quinzième, le Val-de-Marne avec 570 adhérents et + 51,19 %.

Dix-septième, l'Essonne avec 537 adhérents, + 69,40 %.

Vingt-quatrième, le Val-d'Oise, 487 adhérents, + 46, 47 %.

Vingt-neuvième, la Seine-Saint-Denis, avec 391 adhérents, + 70 %.

Et la vice-présidente détaille le classement par évolution : « Seine-et-Marne 19e, Seine-Saint-Denis 23e, Essonne 24e, Val-de-Marne 48e, Val-d'Oise 54e, Hauts-de- Seine 61e, Yvelines 67e et Paris 81e. »

Il y avait donc au 31 octobre 23 départements en France où le Front national avait enregistré une progression en nombre d'adhérents de 70 % ou plus en moins d'un an, soit de janvier à octobre. Pour la dirigeante du FN, la conclusion s'imposait d'elle-même : « Sachant que l'Île-de-France représente un peu plus de 16 % de nos adhésions au total, il n'y a pas grand-chose à dire, si ce n'est que c'est plutôt bien. »

La progression était certes très importante, mais le FN ne comptait alors qu'environ 34 000 adhérents au 31 octobre 2011, et non pas plus de 40 000 comme revendiqué.

Les données chiffrées livrées et vérifiées par chacun des secrétaires départementaux, Pascal, le responsable de la Seine-Saint-Denis, commence la séquence des questions diverses.

— Marie-Christine, tu m'avais demandé si on pouvait attaquer un commissariat avec Marine. J'ai creusé le sujet. Visiblement, il faut faire ça dans la plus stricte légalité, tout simplement parce que c'est compliqué de pénétrer dans un commissariat sans se faire jeter. Il faut voir à quels moments Marine aurait des dispositions. Ensuite, il faut se servir d'un événement local. Par exemple, nous pourrions prendre comme prétexte un incident dans un collège pour faire venir les médias et, à partir de là, Marine pourrait se rendre dans le commissariat le plus proche. Mais il faut une stratégie.

— De toute façon, je n'ai jamais eu l'intention de rentrer dans le commissariat de Bondy ou autre sans prendre rendez-vous, rétorque la vice-présidente, visiblement agacée que le responsable départemental aborde la question aussi ouvertement.

— Et pour obtenir ce rendez-vous, il faut l'accord du commissaire, explique Dominique, qui avait déjà tenté de monter une opération du genre en 2004. Sans cela, ce sera impossible pour n'importe quel homme ou femme politique. Évidemment, si on avait un commissaire qui acceptait de se mouiller, ce serait exceptionnel, ça vaudrait tout l'or du monde...

Pour l'instant, aucune « attaque » de commissariat n'a encore pu être planifiée. À défaut de pouvoir se régaler d'un fait divers nous faisant pénétrer dans les bureaux de la police, nous nous contentons du buffet de fin de réunion...Tout le monde se lève et, après quelques cigarettes grillées, débutent la confection des sandwichs et le récit des souvenirs de la pêche aux signatures.

— Quand on a fait du phoning les derniers jours pour Jean-Marie en 2007, c'était horrible, raconte Hélène, la secrétaire départementale de Paris. J'ai eu à appeler en Bretagne, où je passe mes vacances. Je réussis à joindre un élu à qui j'explique que je connais très bien sa région, que je suis propriétaire d'une maison située juste à côté de sa commune. Il me dit : « Écoutez, Madame, vous aurez ma signature. » Et il me donne rendez-vous dans un quart d'heure au bistrot du coin. Là je lui réponds : « Je suis désolée Monsieur, je vous appelle de Paris. — Très bien, alors je ne donne pas ma signature. »

Commentaire de mon secrétaire départemental, assorti d'un sourire en coin : « Là il aurait fallu coucher, Hélène...

— Et encore, il aurait fallu avoir la signature avant de coucher, parce que si elle avait couché, elle ne l'aurait pas eu après, souligne Hubert, fier de sa trouvaille et qui répète la phrase au cas où ses voisins n'auraient pas saisi la délicatesse des propos. Il se tourne ensuite vers Marie-Christine : au fait, Marine était-elle contente de son voyage aux États-Unis ?

— Elle a eu quelques contretemps, c'est vrai. De toute façon, les voyages officiels aux États-Unis sont toujours difficiles pour les Français, quelle que soit leur couleur politique. Mais avec Marine, on est toujours plus exigeant qu'avec les autres...

— Malgré ce qu'on peut dire, c'était positif. D'ailleurs, les gens que l'on rencontre ne nous disent pas : Marine a raté son voyage, se satisfait Hubert. J'en profite pour lui demander s'il a entendu, à ce propos, l'interview sur France Inter de Florian Philippot.

Hubert réagit au quart de tour : « La journaliste, excusez-moi du terme, mais c'était une salope. Elle était odieuse... Lui, il a très bien répondu, il est formidable ce garçon. Mais il en faut toujours pour râler, récemment un adhérent m'a écrit qu'il avait entendu sur Radio Courtoisie – déjà Radio Courtoisie, enfin je passe – que Marine recrutait un énarque ! Je lui ai répondu : mais oui, Monsieur, c'est un énarque qui a nos idées, il a fait partie des 2 % d'énarques qui ont voté non au référendum en 2005 ! Il se met à la disposition du Front, nous n'allons pas le refuser, au contraire. Il nous apporte beaucoup, mais alors les gens, y en a… » Hubert soupire longuement, lève les yeux au ciel et repart : « J'en ai un autre qui m'a dit : il y a un avocat musulman dans l'Essonne qui a adhéré au Front. Je lui ai dit : mais il n'a pas adhéré, il a juste voté Front national. De toute façon, il n'est pas dans les instances du Front, nous n'allons pas refuser son vote, quand même ! »

Comme j'en ai désormais l'habitude, j'abonde dans le sens de mon interlocuteur. Je reprends un bout de fromage et un peu de taboulé, sans doute amené par erreur, c'est alors que je capte un bout de conversation qui pourrait bientôt me concerner.

Philippe Chevrier, le compagnon de Marie-Christine Arnautu, s'interroge sur l'éventuelle sortie de l'une de mes consœurs : quand est-ce qu'on se l'emmène la Fourest ? On la met à poil, on l'attache à un arbre, on se la prend, on met des cagoules, on va avec la Fourest en forêt de Rambouillet et on la laisse. Au sourire qu'il affiche, le responsable des Yvelines semble content de ses idées de balades en pleine nature. Mon secrétaire départemental trouve aussi la proposition intéressante, qu'il gratifie d'un « c'est une bonne action » et part dans un éclat de rire. À ses côtés, un homme d'une trentaine d'années, rondouillard, Pascal, s'occupe de la Seine-Saint-Denis.

— Bonsoir, on ne se connaît pas ?

— Non, en effet, c'est la première fois que je viens. Je m'appelle Gabrielle Picard. Sylvain m'a proposé de venir, parce que nous devons faire preuve de diplomatie pour tenter de récolter des signatures.

Sylvain ayant écouté d'une oreille discrète, précise : « La diplomate, c'est elle. »

— Oui, je me doute, parce que toi, on te connaît, c'est à coup de casque, s'amuse Pascal, par ailleurs préposé aux attaques de commissariat du 93.

La soirée touche à sa fin, nous commençons à faire un peu de rangement. Je profite de débarrasser quelques verres avec Marie-Christine pour lui demander si, comparé aux autres élections présidentielles, les adhésions sont cette année en plus grand nombre.

— Oui, clairement oui. Le ton est assuré, aucun doute n'est possible, le Front au sujet des hausses des adhésions ne bluffe pas... Je suis censée sourire, j'affiche donc un rictus si possible pas trop crispé.

Et Pascal de rappeler qu'aux régionales de 2010, la liste de Marie-Christine était devant celle de Valérie Pécresse.

— C'est quand même dommage, les régionales. Mais bon, franchement, entre Smahi et d'autres que je ne citerai pas par charité chrétienne, c'est aussi bien qu'on ne l'ait pas eu. Je ne te dis pas le groupe de merde qu'il y aurait eu, commente cette fois la principale intéressée.

Farid Smahi, membre du bureau politique jusqu'en janvier 2011 et longtemps protégé de Jean-

Marie Le Pen, avait à plusieurs reprises tenu des propos antisémites.

Soulagée pour Madame Arnautu qu'elle ait ainsi échappé à « un groupe de merde », je m'empresse de quitter cette fois le groupe de ce soir, par un au revoir chaleureux à ma présidente.

Chapitre 24

Discussion avec le secrétaire départemental : « Marine m'a dit : "voilà la stratégie" »

Assise sur l'estrade de la salle de presse, je fais face à Marine Le Pen, ou plutôt à ses portraits affichés au fond de la pièce. Sur les tables, quelques gobelets et autres papiers sont à ramasser. Le ménage sera fait dans la soirée, me précise le vigile. En attendant Sylvain, me voilà seule dans le Carré, presque vide. Toujours ponctuel et de bonne humeur, mon secrétaire départemental arrive, son casque de moto sous le bras, le courrier et les enveloppes soigneusement préparés dans son sac à dos.

— En attendant, je lisais un article sur Hervé Algalarondo, tu connais ?

— Pas du tout.

— C'est un journaliste du *Nouvel Obs* qui vient d'écrire un livre sur la gauche qui s'est choisi comme nouveau peuple les immigrés. C'est l'un des premiers à tenir ce discours de ce côté-là de l'échiquier politique. Ça s'appelle « La gauche et la préférence immigrée ».

— C'est très intéressant, mais c'est quand même dingue d'en arriver là !

Une femme et un homme de ménage arrivent, elle est maghrébine et lui noir. Nous les saluons poliment, et Sylvain poursuit sur sa lancée comme si de rien n'était.

— De toute façon, on a un problème démographique, mais pas seulement, ils ne veulent pas se faire à nos coutumes.

Alors que je commence à compléter les invitations pour notre assemblée générale de décembre, Sylvain s'interrompt soudainement pour se pencher sur mes feuilles : t'es lisible au moins, t'as bien mis rue de l'Église, pas rue de la Mosquée.

— Oui, Sylvain, j'ai précisé méchoui, rue de la mosquée !

Il rit de bon cœur. Comme à son habitude, Sylvain ne cesse de parler, de me donner son avis sur tout. En bons camarades de militantisme, nous échangeons sur nos dernières réunions.

— J'ai trouvé Marie-Christine un peu méfiante à mon égard l'autre jour. Pourtant, je n'avais pas l'impression d'être détentrice d'un secret d'État, mais elle m'a mise en garde sur le fait que rien ne devait sortir de ces quatre murs.

— Elle a un problème avec ça. Elle m'a encore dernièrement remonté les bretelles sous prétexte que j'avais publié sur notre blog le compte rendu d'une réunion qui n'était pas publique. Alors, déjà que personne ne va sur le blog, qu'est-ce que ça peut lui faire ? Et puis moi, je suis un homme très transparent, et je tiens à le rester. Elle, au contraire, elle a le culte du secret, elle te dit souvent : « Je vais te dire quelque chose, mais tu ne le répètes à personne. Ça reste entre nous. » Moi, tu me dis un secret, il est divulgué dans l'heure qui suit.

— Mais au sujet de la réunion de l'autre soir, je ne vois pas ce qui était si confidentiel.

— C'est toujours comme ça, elle est un peu parano. Mais, bon, elle est arrivée là où elle est arrivée...

— Et toi, t'aimerais devenir permanent du Front ?

— Ah non, j'aime trop ce que je fais. J'ai un métier que j'adore.

Sylvain est franc, d'une sincérité qui m'étonne. Malgré l'idéologie qu'il défend, il me semble parfois presque naïf. Jamais il ne s'est en effet méfié de moi, jamais il ne s'est demandé pourquoi je me racontais aussi peu et passais mon temps à l'interroger.

— Tu as toujours été autant investi au Front ?

— J'ai commencé la politique en 1998. Je suis parti du constat qu'il ne me restait pas grand-chose à la fin de l'année alors que je gagnais correctement ma vie. Mon premier poste de dépenses, c'était les impôts. Et comme je ne suis pas du style à râler tout seul dans mon coin, j'ai milité au RCF [Rassemblement des contribuables français] de Nicolas Miguet. J'étais seul à coller mes affiches dans tout le département, tout ça pour un score minable aux européennes. Alors, je me suis dit : c'est bien gentil, mais je ne peux pas continuer comme ça. Et puis, le MNR venait d'être créé, or, comme dans ma famille il y avait du sang juif, le Front avait toujours été très mal vu. Au MNR il n'y a pas Jean-Marie Le Pen, j'ai pensé que ce devait être des gens bien. Mais quand Jean-Marie Le Pen est arrivé au deuxième tour de la présidentielle en 2002, il n'y avait plus de doute à avoir, il fallait adhérer au Front. Ensuite, j'ai été plusieurs fois candidat et puis le secrétaire départemental a démissionné comme le lui avait demandé

Marine. Il n'était plus en accord avec le parti sur un certain nombre de questions. Et en 2007, j'ai été nommé secrétaire départemental, mais je n'étais pas demandeur.

— Pourtant, qu'est-ce que tu t'investis !

— À ce moment-là, je militais tout seul dans mon coin. Je prenais des demi-journées de congé pour aller sur les marchés en semaine, seul, et pour des résultats minables en plus ! Mais bon... Il fallait que je sois le meilleur des militants pour que les autres ne se disent pas : c'est un tire-au-flanc, celui-là !

— Pour toi, c'est presque une obligation morale.

— Marine l'avait d'ailleurs dit lorsqu'elle était venue présenter sa candidature lors du congrès contre l'ami Gollnisch : « Ah ! au moins, Sylvain, on ne peut pas l'appeler Oncle Ben's, parce qu'Oncle Ben's, c'est celui qui ne colle jamais ! Or il y a des SD qu'on ne voit jamais sur le terrain. Donc, ça m'a fait plaisir que mon militantisme soit reconnu. Mais certains me disent : tu devrais prendre du temps pour la réflexion. Bon, je ne lis pas de livres, juste des articles, du coup ma réflexion reste limitée. J'en ai conscience, alors il y en a même qui disent que je suis un con. Mais je m'en fiche ! »

Et alors que Sylvain passe à un sujet qu'il affectionne particulièrement, les tractages sur les marchés, notre conversation se poursuit désormais sur fond sonore d'aspirateur. J'explique à Sylvain que les gens sur les marchés ont souvent besoin d'être écoutés et que c'est la raison pour laquelle ils nous abordent.

— Oh la la, je ne fais pas de thérapie. Vous, mesdames, vous adorez la psy. D'ailleurs, Freud a inventé ça pour vous. Il n'avait que des femmes pour clientes. J'en ai déduit que la psy était faite pour les juifs et pour les femmes. Les juifs parce qu'ils adorent souffrir, ce peuple visiblement a été fait pour ça (il rit) et les femmes parce que vous avez vos humeurs, on va dire.

— *No comment !*

— Les juifs, c'est l'Histoire qui a fait qu'ils ont subi plus qu'ils n'ont construit. Mais maintenant qu'ils ont un État, ils retrouvent un sentiment national. Tu as vu le film « Va, vis et deviens » ?

— Non (je n'y crois pas : Sylvain me parle d'un film sur l'immigration des juifs d'Afrique !).

— C'est un très beau film, génial...

Il cherche quelques enveloppes et revient à sa rengaine relative au militantisme de terrain.

— Sur les marchés, t'as vu, ce sont toujours les mêmes qui viennent. Tu connais évidemment Gisèle. Elle est un peu trop bavarde à mon goût. Quand je lui donne un cours d'informatique, je lui interdis de parler.

— Mais elle a besoin de contacts. Sa vie semble quand même assez triste.

— Elle n'avait qu'à se trouver un Jules, qu'à faire des enfants, comme tout le monde. Les gens sont responsables de leur situation sauf les handicapés, et encore, il y a des handicapés qui s'en sortent très bien et d'autres pas. Je n'ai jamais pitié, c'est un choix que j'ai fait depuis des années. Quand je vois un mendiant dans la rue, j'ai envie de lui dire : crève, je ne le lui dis pas, mais je le pense.

Il réfléchit : « je suis un vrai salaud en fait, c'est pour ça que j'ai vraiment ma place au Front national ! »

Il rit, moi aussi.

— Tiens au fait, Jean-Paul , il t'embête toujours ?

— Non, et avec toi, il s'est calmé ?

— Pas du tout, il continue de m'envoyer trois mails par jour. Il veut flamber les juifs, les Arabes. Il veut les tuer à la mitraillette, quoiqu'en ce moment il préconise la tronçonneuse. De toute façon, je m'en fous, alors je ne l'éjecte pas. Voyons, qui connais-tu d'autre ? Thierry, par exemple. Tu sais quel est son métier ?

— Il est devenu toiletteur pour chien. Auparavant, il vendait des chaussures, il me semble.

— Ce sont des petits métiers, non ? Est-ce que pour des électeurs, c'est gratifiant d'élire comme député un vendeur de chaussures ou un toiletteur pour chien ?

— Je n'ai pas de mépris par rapport à la profession que l'on exerce. Ce n'est pas parce qu'un type est ouvrier, toiletteur pour chien ou qu'il n'a pas fait d'études qu'il n'a pas le droit d'entrer dans la vie politique.

— D'accord, mais regarde, celui qui a fait le Futuroscope à Poitiers, Monory. Il s'est fait tout seul, cet homme-là. Je suis désolé, mais à 40 ans, il avait fini d'être chausseur et toiletteur pour chien, or Thierry, il a 40 ans. Le problème au Front national, c'est qu'on présente des candidats qui ne sont pas à la hauteur, même s'ils sont pleins de bonne volonté.

— T'es dur !

— Ah oui, très. Mais je comprends les électeurs. Je serais à leur place, j'aurais du mal à voter pour des gens comme nous, y compris pour moi.

—Tu n'es pas toiletteur pour chien, t'es chef d'entreprise.

— En fait, je suis profession libérale, parce que je suis mon seul salarié. Bon, on continue le tour. Cédric, sais-tu ce qu'il fait dans la vie ?

— Étudiant, peut-être.

— Non, il fait des salades. T'as envie de voter aux législatives pour un type qui fait des salades ?

Au racisme antimusulman de Sylvain, s'ajoute donc un racisme social développé au sein même d'un parti prônant depuis des années le rejet des élites. Alors même que le Front national a adopté un discours anticaste dénonçant avec la plus grande démagogie les énarques et les anciens élèves de grandes écoles, Sylvain reste impressionné par les parcours scolaires et/ou professionnels. Cette attitude me paraît d'autant plus paradoxale, qu'il s'inclut dans le groupe des « candidats pas à la hauteur ». Il est pourtant, sans doute, l'un des militants les plus diplômés de sa fédération. Pourquoi ne se considère-t-il pas comme tel ? A-t-il le sentiment d'être, lui aussi, un déclassé malgré son intérêt marqué pour son métier ? Le Front ne lui offre-t-il pas finalement l'occasion de prendre des responsabilités auxquelles il n'accéderait pas professionnellement parlant ? À ces questions, je n'obtiendrai finalement aucune réponse. Le basculement de Sylvain dans l'extrémisme restera un mystère. Je sens qu'il se trouve bien au Front, que la quasi-totalité de sa vie sociale en dehors de sa famille et de sa profession se joue là. D'ailleurs, jamais, il ne m'a évoqué l'existence d'amis qui ne soient pas au FN. Week-ends, soirs de semaine, Sylvain s'active, assiste à des réunions, suit des formations comme celle proposée aux candidats.

— Oui, et pour une fois, c'est suivi d'un examen ! Il va falloir que les candidats prouvent qu'ils ont été formés, sinon ils ne seront pas pris ! J'en suis ravi ! s'exclame Sylvain.

— Tu me dis que tu manques de gens compétents, mais quand même il y a Caroline.

— Oui, d'ailleurs, c'est ma candidate préférée, elle sait rester calme et, en plus, elle est pharmacienne. Tu comprends, je veux des gens brillants.

— Mais tu te focalises sur la profession, regarde quelqu'un comme Besancenot, il a su jouer de son statut de facteur pour se faire passer pour un homme politique proche des électeurs.

— OK, mais Marine, elle est brillante et elle arrive à se mettre au niveau des gens. Il faut que l'on ait quelqu'un qui puisse séduire autant les ouvriers que les cadres.

C'est alors que Sylvain dévie de sujet par une question anachronique des plus surprenantes.

— Hitler, quel était son métier ?

— C'était un peintre raté.

— Peintre en bâtiment ou artiste peintre ?

— C'était un artiste raté. S'il avait eu du talent, l'Europe aurait peut-être échappé à certaines horreurs.

— Pol Pot, c'était le même cas de figure. Mais, pour en revenir aux militants, tu as aussi fait la connaissance de Patrick. Il paraît un peu spécial. Qu'est-ce que tu en penses, il est antisémite ?

— En tout cas, une fois, il m'a déclaré que le racisme c'était le simple fait de croire que les races sont inégales. Tu imagines s'il le dit à un journaliste…

— Disons qu'on ne peut pas le dire, mais on peut le penser. Moi, je ne le pense pas en termes de race, mais en termes de culture parce qu'il y a des arguments tellement porteurs. L'islam, c'est une culture théologique et non démocratique.

— Au fait, tu as déjà fait adhérer des musulmans ?

— Oui. Si la personne a renoncé à sa religion, alors je lui dis : « Bienvenue au club ». Si elle pratique, ça passe déjà moins. À ce moment-là, je lui demanderais si elle a conscience de croire en un Dieu pour qui il faut tuer les juifs et les chrétiens. C'est écrit dans le Coran. Là, elle peut me répondre, oui, mais en temps de guerre. Seulement, nous y sommes. Ils sont en train de nous conquérir. Là, je lui dirais : vous êtes sûr d'avoir bien choisi votre carte. En fait, je n'ai jamais eu de musulman pratiquant.

— Au niveau national, vous avez des consignes pour refuser des militants ?

— Non, mais j'ai dit à Marie-Christine : il faut dénoncer l'islamisation, et non l'immigration. Elle me dit : ça fait partie de l'immigration. Je lui réponds que ce n'est pas la même chose. Moi je me fiche des Européens, et même des Chinois. Ce qui me dérange, c'est l'islam.

— Elle aussi, j'imagine.

— Oui, mais elle estime qu'il ne faut pas le traiter comme ça. Il faudrait pourtant qu'on parle de colonisation musulmane pour que les gens comprennent que c'est un peuple qui vient nous envahir et qui nous impose sa culture et sa démographie, et donc que nous allons y passer.

— Sur ce sujet, Marine ne passe pas vraiment à l'offensive. Tu la connais personnellement ?

— On se fait la bise, on se tutoie, mais c'est de pure façade. Mais, une fois, j'ai eu un entretien au cours duquel elle m'a donné sa position sur l'islam. Elle m'a dit : voilà la stratégie. Nous n'aurons jamais les voix des musulmans, c'est une cible que je n'ai pas. Si je caresse l'islam dans le sens du poil de temps en temps, ce n'est pas pour eux, c'est pour les Français qui croient encore, ces cons-là, que l'islam est une religion. Ces gens-là, je ne veux pas perdre leur électorat. Si je dis que l'islam n'est pas fréquentable, que c'est la pire des choses, ils me traiteront de raciste et ne voteront pas pour moi. De sorte que pour le moment, c'est eux que je caresse dans le sens du poil. Alors, je flatte la laïcité, parce que les Français sont très laïcs, ils sont même laïcards, ils estiment que toutes les religions ont le droit de vivre. C'est leur *credo*, ils ont appris ça depuis qu'ils sont tout petits, le principe de laïcité, ils le trouvent formidable. Donc, je fais en sorte de les flatter. En attendant, le Front ne rentre pas dans le lard de l'islam, et moi ça m'emmerde.

— Mais ce n'est qu'une stratégie.

Sylvain hésite, un peu dépité.

— On n'en sait rien. Elle aussi, elle sait que le pétrole est derrière et qu'elle en aura besoin quand elle sera présidente, donc elle est obligée de ménager les musulmans. Qui sait ? Peut-être qu'elle est déjà soudoyée, peut-être que les campagnes ont été financées par les pétrodollars ? Comment ont-ils payé le Carré alors que nous n'avions plus de sous ? Le paquebot, nous avons mis trois ou quatre ans pour le vendre.

Ne disposant pas d'information fiable sur les finances du parti, je préfère me taire. À cet instant, nous arrivons au bout de notre opération de mailing, l'un et l'autre nous mettons alors en quête d'une poubelle. Une fois le précieux récipient déniché, je réattaque.

— Tu ne crois vraiment pas que la position de Marine au sujet de l'islam n'est qu'une stratégie électoraliste et donc qu'elle est véritablement contre les musulmans ?

Sylvain marque un temps d'arrêt : c'est difficile de savoir ce qui se passe dans la tête de nos dirigeants. Je ne sais pas s'ils font ça parce que c'est un bon gagne-pain ou s'ils ont vraiment envie de gagner. Quand on veut le pouvoir, on ne fait pas les petites conneries du style « Durafour crématoire ». On ne raconte pas que l'occupation allemande, ce n'était pas si insupportable que ça compte tenu des personnes qui sont mortes dans les camps de concentration, même s'il y en a un million au lieu de six millions, c'était une horreur. Il y a des images terribles et qui sont vraies. Et puis, mes arrière-grands-parents, ils y sont passés. Il fait chier, Jean-Marie. Mais Marine, au congrès, rappelle-toi, dans son discours, elle a répété six fois le mot pouvoir. Elle veut le pouvoir. Donc, ça me va très bien. De toute façon on veut le pouvoir, quel que soit le moyen d'y arriver. Quand on y sera, on verra ce qu'on fera. Tant pis si on dérape, tant pis si on est à côté de la belle voie qu'on s'est tracée, il faut qu'on gagne !

Le ton est déterminé, Sylvain est ce soir presque rageur puis, en bon secrétaire départemental, il se préoccupe du moral d'un membre de ses troupes :

— Autrement, ça va, tu ne regrettes pas ton engagement ?

— Ah non, pas du tout.

— Vu le temps que tu y passes, tu ne te dis pas quelquefois : je perds mon temps.

— Non, j'espère faire progresser la cause.

— Moi, je milite quasiment sans y croire, juste pour avoir bonne conscience, pour pouvoir me regarder dans la glace le matin en me disant : voilà ce que j'ai fait pour la France.

Sylvain n'espère en effet du parti rien qu'il n'ait déjà. Pas d'ambition au-delà de ses responsabilités actuelles, il ne semble donc pas correspondre aux arrivistes si nombreux dans les formations politiques. Lors des dernières élections régionales, il a d'ailleurs refusé d'être en tête de liste pour les Hauts-de-Seine. Il était au Front, animé par le sens du devoir et des convictions sincères.

Chapitre 25

Un colloque sur la santé ; le retour du révisionniste

À la tribune, il n'interrompt cette fois personne, le ton est modéré, les propos mesurés. Devant les caméras, Jacques Kotoujansky est un conseiller de Marine Le Pen, tout ce qu'il y a de plus respectable. Le médecin révisionniste rencontré à l'occasion des universités de Nice est donc non seulement un candidat du Front aux législatives, mais aussi un membre du comité d'action programmatique sur la santé. Avec quelques autres professionnels du secteur, il a donc concocté les propositions du FN sur la Sécurité sociale pour l'élection présidentielle. Celui qui avait eu une révélation en lisant Robert Faurisson prend en effet la parole parmi d'autres « experts » à l'occasion d'un colloque organisé par le think-tank du FN, le 10 novembre à l'espace Moncassin. Ces manifestations ouvertes au public sont censées démontrer combien Marine Le Pen est entourée de personnes compétentes. Après un bref exposé de chacun des intervenants, elle fait alors un discours sur le thème choisi. Parmi ceux venus écouter la bonne parole des experts et de la candidate, figure Sylvain, à qui je téléphone à ce sujet quelques jours plus tard. Mon secrétaire départemental convient qu'il a été lui aussi surpris de voir Kotoujansky sur l'estrade. Comme j'insiste, il me propose d'écrire à Marie-Christine Arnautu.

— Si tu préfères, je peux lui envoyer un mail, me demande-t-il. Me voilà donc chargée de corriger le courrier envoyé à notre vice-présidente. Je n'y change pas une ligne, ni même un mot. Voici donc ce que recevra celle qui est chargée pour la campagne de Marine Le Pen du volet « social et solidarité nationale ».

« Bonsoir Marie-Christine,

Connais-tu bien Jacques Kotoujansky qui est intervenu au colloque sur la santé ? Les adhérents du FN 92 qui étaient venus à l'université de Nice et moi nous sommes retrouvés à dîner avec lui. Il nous a tenu un discours révisionniste et un peu "allumé" du style : "j'ai tout compris, nous sommes tous manipulés par le complot judéo-mondialo-maçonnique", le tout agrémenté de dates, de chiffres, de noms qui faisaient de lui un expert en tout. Je lui ai répondu que nous préférions nous battre contre des ennemis visibles contemporains et français que contre des ennemis cachés, dépassés et étrangers.

Bref, il avait un comportement de prédicateur, qui n'a plu à aucun d'entre nous. C'est avec ce genre de discours que nous faisons fuir les électeurs et les nouveaux adhérents. Nous sommes plusieurs à avoir été surpris de le voir à la tribune et à nous demander quelle était sa part d'influence sur les instances dirigeantes du FN. En sais-tu quelque chose ?

Cordialement,

Sylvain B. »

La réponse est aussi brève que rapide. Sylvain m'en envoie la copie.

« Bonjour,

Si j'avais eu le moindre doute sur l'orientation de cette personne, elle ne serait jamais intervenue à notre colloque. Il est évident que jamais je ne l'ai entendue proférer ce genre de choses. Mais je n'ai échangé avec [Jacques Kotoujansky] que sur l'aspect "santé".

MC »

Avant même de rédiger le courrier à Marie-Christine Arnautu, Sylvain m'explique que si le révisionniste sait tenir sa langue et qu'il peut aider notre candidate dans son domaine de compétence, il n'y a pas de quoi s'inquiéter. Une semaine avant la tenue de ce colloque sur la santé, la présidente du FN a déclaré concernant le « détail de l'Histoire » que « le malentendu [a] duré des années et [a servi] de base à une caricature qui [a] nui à notre mouvement ». Elle venait alors de rencontrer à Washington l'ambassadeur d'Israël...

Chapitre 26

Une journée avec les petites mains du FN ; « Bruno Mégret, c'était quelqu'un de formidable ! »

Rondouillard, la calvitie déjà bien avancée, proche de la quarantaine, Stéphane trône au milieu des classeurs dans un bureau du Carré. Depuis 9 h 30 ce matin, ce bénévole range des feuilles dans des classeurs à destination des militants qui iront récolter les signatures pour Marine Le Pen. Adhérent depuis les années 80, il est issu d'une famille de frontistes, son père a d'ailleurs été élu du FN dans une commune picarde, fiston a suivi les traces paternelles, sans pour autant être investi par le parti pour de futures élections, mais aujourd'hui, Stéphane a fait le trajet depuis l'Oise pour se consacrer durant une journée à la campagne de « Marine ». L'air bonhomme, vêtu d'un pull marron, il s'active sans trop forcer la cadence. Un rythme qui tranche avec celui de Florian Dufait, qui nous a conviés à cette journée pour les petites mains du parti. Je l'ai déjà rencontré lors d'un buffet il y a quelques semaines ; dynamique, directif, très assuré pour son âge, ce tout jeune cadre sait se rendre efficace.

— Vous pouvez vous installer avec Stéphane, j'apporte les photocopies manquantes.

Mon collègue d'un jour semble ravi de pouvoir me faire la conversation. À peine commence-t-il, qu'il m'est impossible de l'arrêter. Ce militant est venu de l'autre bout de la région pour se rendre utile. Passionné par l'actualité, Stéphane aborde la crise, les délocalisations, les printemps arabes, Ben Laden, Sarkozy, dans un enchaînement assez aléatoire. Sur les élections, il prétend détenir quelques *scoops*, je tends l'oreille :

— Déjà les renseignements généraux savent que Marine va arriver en tête au premier tour.

— Ah bon, comment le savez-vous ?

— J'ai des amis dans d'autres formations politiques et ils le savent. Marine, elle va créer la surprise, mais contre qui, on ne sait pas.

Je note, mais nourris de sérieux doutes sur la fiabilité des soi-disant informateurs de Stéphane. Hormis les implantations de supermarchés et les formulaires administratifs, ce militant de longue date ne semble pas avoir de sujets de prédilection, pas plus concernant l'islam que l'immigration. Il affirme lire *L'Express*, *Challenges*, regarder LCP, mais semble surtout manquer de recul quant à l'information servie.

— Hollande, on dirait un bachelier attardé, un peu comme un premier de la classe. L'inconvénient, c'est qu'il n'a eu aucune responsabilité ministérielle, alors que tous les autres présidents ont exercé des fonctions ministérielles.

Stéphane est pourtant censé défendre la candidature de celle qui a fait de son inexpérience au pouvoir un argument de campagne. Qu'importe, nous voilà déjà à parler du nucléaire, puis de Patrick Buisson, je ne décèle aucun lien entre les deux dossiers.

— Sarko, il a pris un conseiller de chez nous.

Je lui souffle le nom de Patrick Buisson

— Oui, dans les années 80, il était directeur de *Minute* et puis il a viré sa cuti. Il a été recruté en 2006 par Sarko, je l'ai lu dans *L'Express*. Et quand Sarko a gagné, il lui a versé 1 500 000 euros pour avoir siphonné l'électorat du Front national. Il a touché le pactole, enfin, non ce devait être 150 000 euros.

Puis tout de suite, Stéphane enchaîne : « et puis vous avez vu dans le métro, ils sont en train de mettre des automates... »

J'acquiesce et commence sérieusement à trouver notre discussion à la limite du surréalisme.

— Si on commence à automatiser les lignes, alors là, ça fait des emplois en moins.

Je ne le contredis pas, et nous passons aux bisbilles UMP dans le département des Hauts-de Seine.

Pendant ce temps, les classeurs se remplissent tant bien que mal. J'essaye de faire légèrement accélérer le rythme, en vain.

— Bonjour, Hubert de Beaufort. Excusez-moi, vous occupez mon bureau.

Je me présente et me confonds en excuses. Stéphane observe, passif, et reste à son poste, sans me proposer un quelconque aménagement de notre espace désormais réduit. Je dépose mes classeurs à un autre endroit de la pièce et continue de m'activer.

Le locataire officiel du bureau est un vieil homme, ami de Jean-Marie Le Pen, connu pour avoir aidé Maurice Papon à fuir en Suisse. Il ne se revendique pas Front, mais a déjà figuré en 2011 sur une liste pour les élections sénatoriales à Paris avec des frontistes. Ce matin, il prépare sa prochaine émission pour Radio Notre-Dame, qui portera sur les parrainages des maires.

— Gabrielle, je peux vous demander un service ? Est-ce que vous pourriez me dire ce que vous pensez de ce courrier ?

Je suis alors censée en tant qu'écrivain public donner mon avis sur une lettre de motivation qui me paraît maladroite, mais accompagnée d'un CV retraçant un parcours plutôt brillant. Je n'ose émettre de quelconques critiques. Stéphane a hâte que Florian vienne nous chercher pour le déjeuner, moi aussi.

12 h 30 : Stéphane, Florian et moi sommes chez Tonton. Le restaurant le plus proche du siège du FN sert de cantine aux employés du Front. Sur la devanture s'étale l'inscription « Spécialités portugaises », à l'intérieur, ce sont des affiches du Front qui tapissent les murs. L'établissement a fait le plein, nous patientons au bar. Florian salue David Rachline, l'un des conseillers de Marine Le Pen et ancien numéro un du FNJ. C'est aussi là que Florian a fait ses classes à l'extrême-droite, dès son plus jeune âge : « J'ai adhéré quand j'avais 13 ans, j'avais l'autorisation de mon père. En fait, c'était illégal, mais je ne le savais pas. Et puis j'ai participé à la première université du FNJ, à l'époque elle s'était déroulée au Château de Neuvy-sur-Barangeon où nous nous réunissions durant une semaine. Comme j'étais très militant, je me suis fait remarquer et Marine m'a pris un peu en affection. »

Aujourd'hui âgé de 19 ans, il s'investit pour la campagne et ne s'inscrira en droit à Assas qu'en 2012.

Déjà candidat aux cantonales, il le sera certainement pour les législatives. Celui qui dans un tract du FNJ dénonçait la « sous-culture gauchiste » paraît habile et évite tout dérapage face aux militants de la base que nous sommes. Au menu de l'apéritif : la récolte des parrainages.

— Pour l'instant, Carl Lang n'a pas cherché ses signatures sur le terrain, donc il ne doit pas être inquiet. Autrement, nos secrétaires départementaux nous auraient signalé que tel ou tel maire avait déjà été démarché par le parti de la France, explique Florian.

Stéphane tente : « Ce qui nous sauve, c'est la candidature Chevènement.

Florian corrige : « Enfin, notre intérêt, ce n'est pas tellement d'affaiblir la gauche au premier tour, c'est d'affaiblir la droite. Que la candidature de Chevènement baisse le score de Hollande, on s'en fout.

Une nouvelle fois, Florian se dit confiant sur l'issue de la quête des parrainages. Nous passons à table, Tonton prend la commande. Contrairement à tant d'autres discussions avec les militants, celle-ci ne vire pas au défouloir sur les étrangers. Nous déjeunons avec Françoise, également bénévole et frontiste depuis 18 ans, c'est une fan absolue de « Marine ». « Si elle ne passe pas l'année prochaine, toutes les questions qu'elle pose et qui correspondent aux véritables problèmes du quotidien des gens, vont être mises de côté, s'inquiète Françoise. Par exemple, le problème des fraudes fiscales, c'est elle qui l'a soulevé », souligne cette ancienne salariée des hôpitaux de Paris. Mère de famille, anciennement syndiquée, comme son mari, elle s'inquiète beaucoup de l'avenir de ses enfants : sa fille est étudiante à Dauphine, son fils encore dans le secondaire.

— Je vais bientôt l'inscrire dans le privé, comme tout le monde, pour lui éviter l'échec scolaire.

Françoise semble résignée, pourtant, côté militantisme, elle ne rate pas une occasion de faire avancer la cause de sa championne, avec plus ou moins de succès.

— J'ai un copain, qui est cadre dans le Nord-Pas-de-Calais. J'ai tenté de le persuader de voter pour Marine, mais je n'y arrive pas, il veut voter Hollande pour éviter que Marine ne passe. Je lui ai répondu, alors, au moins, vote Mélenchon !

J'avance que l'on a, après tout, les dirigeants que l'on mérite.

— Comme disait Alain Soral, Le Pen méritait la France, mais les Français ne méritaient pas Le Pen, complète Florian.

Alain Soral est un ancien du Front, et, dans un passé plus lointain encore, il a été membre du parti communiste. À l'occasion du 1er mai 2008, il préconisait : « il ne faudrait pas que le FN se mette à lâcher ses fondamentaux, au moment où l'histoire leur donne raison. [...] Aucune concession sur le fond mais, par ailleurs, être inattaquable sur la forme ».

Et, suivant peut-être ces conseils, Florian reste très prudent quand Stéphane évoque Emmanuel Ratier et cette franc-maçonnerie qui commande tout.

— Là, on va partir sur des thèmes un peu *borderline.* J'aime bien ces discussions-là, mais on ne sait pas trop dans quoi on s'engage.

— Ce sont eux qui contrôlent les médias, précise Stéphane qui, rapidement, change de sujet.

Nous commandons les cafés sur fond de pronostics hasardeux d'éventuelles victoires aux législatives dans le Nord ou en PACA.

Retour au Carré où, à la grande joie de Stéphane, la salle de presse s'est libérée, nous pouvons donc nous y installer.

— Ah, c'est bien comme ça, on va pouvoir allumer la télé.

Stéphane, la télécommande en main, s'occupe plus des images que de nos satanés classeurs.

Yann Le Pen, la sœur de « Marine », effectue un bref passage par la salle, juste le temps de nous saluer et de voir peut-être que Stéphane vient de zapper de LCP sur Derrick... Je continue à ranger les feuilles dans les classeurs. Stéphane, lui, choisit bientôt « d'aller faire un petit tour ». J'ignore où il a mis la télécommande. Je me retrouve donc seule dans une pièce immense avec pour seule compagnie et réconfort dans cette expérience frontiste : l'inspecteur Derrick sur grand écran…

— Bonjour !

— Bonjour Monsieur !

Cette fois, c'est Steeve Briois, le secrétaire général du Front qui me salue de loin. Je termine enfin ma corvée de classeur. Stéphane est de retour, nous prenons le bus ensemble, à deux pas du siège.

Commentaire de mon acolyte du jour : « Donc, ça s'est bien passé. »

Je cache ma joie. Stéphane m'explique qu'il aide le DPS à l'occasion.

— Vous avez la réputation d'être des gros bras,...

— Oui, mais c'était vrai il y a des années. On faisait dégager les gens avec des bombes lacrymogènes ou on en venait aux mains, mais on n'avait pas affaire à des enfants de chœur. Je continue un peu, parce que quand même le DPS le mérite et puis je n'ai pas grand-chose à faire.

Stéphane est au chômage, il a travaillé dans le domaine des services à la personne « côté administratif », mais aussi en tant que journaliste !

— J'ai travaillé pour *Minute* et pour *Présent*, j'ai été reporter. À *Minute*, on revenait sur d'anciennes affaires, comme l'affaire Boulin, puisque c'est un hebdomadaire d'investigation. Et puis *Minute* a été restructuré, le journal a même failli s'arrêter.

Stéphane espère être prochainement réembauché, du moins pour couvrir la campagne présidentielle. En attendant, il se lance dans un bref récapitulatif de l'histoire du Front sur le thème « ces chers regrettés. Il y a eu la première vague de départ avec Bruno Mégret et Jean-Yves Le Gallou. Bruno Mégret, c'était quelqu'un de formidable, c'était un polytechnicien. C'est lui qui avait écrit le programme. Mais, comme dans tous les partis, il y a des coupeurs de tête, il suffit qu'il y ait des gens supérieurs intellectuellement, ça ne plaît pas ». À bon entendeur pour les coupeurs de tête.

Ce « formidable » ex-numéro 2 du parti avait notamment dans ses « 50 propositions sur l'immigration » défendu l'idée de remettre en cause les naturalisations accordées depuis 1974, de supprimer toute acquisition automatique de la nationalité, de bannir le cosmopolitisme dans l'Éducation nationale ou encore d'instaurer des quotas d'immigrés par classe... Formidable, il l'avait été aussi comme maire de Vitrolles, ville où il s'était rendu coupable de détournement de fonds publics. En 2007, la cour d'appel d'Aix-en-Provence l'avait donc condamné à huit mois de prison avec sursis, un an d'inéligibilité et 8 000 euros d'amende.

Stéphane poursuit : « et puis il y a eu la deuxième vague en 2009, ce sont les meilleurs qui sont partis : Carl Lang, Martine Lehideux, Roger Holeindre, Myriam Baeckeroot, Martial Bild ».

Ceux qui restaient étaient donc les moins bons... Mais pour mon interlocuteur, pas de souci : « Nous avons connu un beau succès en 2002 et là nous sommes en train de ressusciter. »

Enfin, le bus atteint la Défense... Je salue mon ex-confrère qui, spontanément, m'embrasse comme du bon pain.

— À la prochaine, Gabrielle !

Chapitre 27

19 novembre, le Banquet des Mille : « Je ne suis pas raciste, mais le noir, ça ne me convient pas »

Pas une place n'est vacante, plusieurs adhérents ont même dû être refoulés à l'entrée de cette grande salle de spectacle du sud parisien, l'Équinoxe. À l'intérieur, les styles vestimentaires s'entrechoquent. Aux médailles et croix ostentatoires font concurrence quelques looks plus osés, et au goût plus douteux. Ma voisine de table, soixante-dix ans passés, s'inscrit plutôt dans le groupe des catholiques affichées. Amie de Gisèle, elle aimait mieux Bruno que Marine. Extrêmement discrète, timide, Renée est peureuse. Lorsque je la sollicite pour la formation de mardi, elle m'explique ne pas vouloir sortir de chez elle le soir. « J'habite à Clichy et, à partir de 19 h 30, les rues se vident. Je préfère rester chez moi. » Je n'insiste pas.

Face à moi, Marcel et Didier, la cinquantaine chacun et une carte d'adhérent récemment acquise. Le déclic : Marine bien sûr, pour qui l'un et l'autre sont allés voter au congrès, d'où leur entrée au Front. Alors que Didier a déjà mis des bulletins FN dans l'urne, Marcel s'apprête à franchir le pas en 2012.

Pour l'un et l'autre, les provocations de Jean-Marie Le Pen avaient été un frein à l'adhésion. Marcel détaille : « Marine, elle est peut-être moins radicale, plus posée, d'une autre génération. Sans parler d'être aseptisé, le discours est mieux tourné. » Ce qui a décidé Marcel à se tourner désormais vers le Front ? « Ma feuille d'impôt déjà, ma vie au quotidien, et puis les fraudes à la Sécurité sociale. Là où je travaille, on est tenu de faire des déclarations en préfecture, et on a des retours...C'est inimaginable ! Les faux papiers, les fausses cartes vitales. C'est plusieurs fois par jour ! »

Je l'interroge : « Mais vous travaillez dans quel secteur ?

— Je gère des entreprises alimentaires.

Sylvain, également à la table, rebondit aussitôt : « Les gens qui vous présentent de faux papiers sont des étrangers, ou y a-t-il aussi des Français ? »

— Il y a beaucoup d'immigrés. Mais je ne suis pas raciste.

— Vous savez qu'au Front national nous ne sommes pas racistes, précise Sylvain. Ce n'est pas un problème de race, mais de défense de la nation.

— Oui, et ceux qui ont soi-disant un grand cœur, pour qui la France est le pays des droits de l'homme et qui laissent entrer les étrangers dans notre pays, alors que ces étrangers seront ensuite logés comme des chiens dans des squats, ils sont certainement plus racistes que moi.

Je me tais, laissant la conversation s'instaurer entre Marcel et Sylvain, toujours prompt à attaquer les musulmans.

— De toute façon, nous avons un problème de surpopulation. Ce qui est terrible, c'est qu'on ne fait rien, on se laisse envahir par des gens qui n'ont pas la même culture que nous... Plus qu'une invasion, c'est une colonisation. Ils nous imposent leur façon de vivre et on les encourage.

— C'est sûr, c'est un fléau. Ça finira par exploser, parce qu'on entend de plus en plus des discours de haine.

— De haine contre la France, vous voulez dire ! C'est la raison pour laquelle la guerre civile, on y va droit, et encore ce n'est pas tout à fait vrai, parce que les Français sont tellement mous, tellement peu combattifs, qu'ils se laisseront faire.

Marcel proteste : « Pourtant, on ne s'est jamais laissé faire dans l'Histoire. »

Arrivent l'entrée au saumon et le vin.

Nous trinquons et Didier, jusqu'ici silencieux, nous expose brièvement les raisons de sa venue au Front.

— Les étrangers, quand on commence à en avoir plusieurs à côté, c'est gênant.

Sylvain n'a donc qu'une solution à préconiser :

— Quand une famille étrangère arrive dans votre immeuble et qu'elle commence à mal se comporter, à faire du bruit et qu'elle fait venir d'autres familles et que votre immeuble se remplit petit à petit, il faut déguerpir. Je recommande aux gens de vendre tant que leur logement vaut encore quelque chose, après c'est trop tard.

— De toute manière, c'est flagrant, la population a changé, poursuit Marcel. Je suis parti à l'étranger durant plusieurs années, quand je suis rentré, j'ai eu un choc. Je ne reconnaissais plus mon pays. L'autre jour, je suis allé à Bruxelles en train. Eh bien, la gare du Nord, ça fait peur, vraiment ça fait peur. Je me suis dit : il y a quelque chose qui me dérange, mais attention, je me défends d'être raciste.

— Si vous commencez à compter les Français de souche, vous vous apercevez qu'il n'y en a pas. Dans certaines villes, il n'y en a plus un seul, vous pouvez le vérifier, suggère Sylvain.

Et alors que, pour la troisième fois dans la conversation, Marcel nous assure de son antiracisme, il nous déclare tranquillement : « Le noir, ça ne me va pas ».

— Et le problème des noirs, c'est que ça se voit, nous signale Sylvain, toujours aussi perspicace et venu ce samedi sans sa compagne martiniquaise, une femme « toute noire », comme il me l'avait un jour décrite.

La dédiabolisation du Front avait sans doute à ce point fonctionné que des remarques ouvertement racistes n'étaient plus considérées comme telles. Marcel paraît tout aussi sincère en nous expliquant qu'il n'aime pas les Noirs que lorsqu'il se défend de tout racisme. Rejeter une part de la population pour sa couleur de peau lui est d'autant plus facile à revendiquer qu'il est incapable de percevoir qu'il franchit une limite, incapable de savoir ce qu'est la discrimination, la xénophobie, l'extrême-droite. Sans doute, sous l'ère de Jean-Marie Le Pen, y-avait-il quelque chose de sulfureux, de provocant, d'ouvertement politiquement incorrect à appartenir au FN. Mais aujourd'hui, à force d'entendre les dirigeants du parti répéter sans cesse que le Front national est respectable, les néo-militants sont sincèrement convaincus de cette mutation. Ainsi, le mouvement étant soi-disant devenu un parti comme un autre, ne pas aimer les Noirs, les étrangers ou les musulmans est-il aussi devenu une opinion comme les autres. Pour preuve, la suite de notre conversation et les inquiétudes de Didier pour sa fille.

— Dans son immeuble, il y a une famille d'Algériens et ils dérangent.

— Mais a-t-elle remarqué qu'ils faisaient exprès de la déranger, interroge Sylvain qui n'attend pas la réponse et poursuit sa démonstration. De toute façon, il y a une volonté de conquête. Ils envahissent des immeubles entiers, en allant frapper à la porte du dernier Français en lui disant : maintenant, c'est fini, tu te tires ! De même, avec la construction des mosquées, ils mettent en place une enclave musulmane. Une fois qu'il y a une mosquée, tous les musulmans essayent d'habiter autour, ils s'installent de façon concentrique afin que cela devienne une terre d'islam. C'est ce qui s'est passé en Seine-Saint-Denis. L'ensemble du département est en train de devenir une enclave musulmane et les Français fuient. Ils n'ont qu'une idée, c'est d'aller ailleurs ! C'est pour ça que je dis à mes militantes : faites des bébés !

Sylvain me tape dans le dos, je souris, gênée.

Jamais à court, mon secrétaire départemental termine son monologue.

— Aujourd'hui, les peuples ne sont plus heureux. Les gens qui ne font plus de bébés ne sont plus heureux. C'est comme dans les zoos, les animaux qui ne se reproduisent pas, ils sont malheureux. Voilà, t'es une grande malheureuse !

Il rit, je me tais.

Sur la scène, le bureau exécutif de campagne de Marine Le Pen s'installe à quelques mètres du pupitre. Au premier rang, Bruno Gollnisch, Louis Aliot ou encore Steeve Briois. Musique grandiloquente et sono poussée à son maximum. La salle est plongée dans une semi-pénombre, les projecteurs braqués sur la scène. Les militants sont debout et acclament leur candidate.

— Ça donne envie de danser, me glisse Sylvain qui s'exécute immédiatement, tout comme Gisèle, elle aussi galvanisée par l'événement. Tous deux agitant leurs drapeaux bleu-blanc-rouge, affichent un sourire radieux, scandent le prénom de Marine et applaudissent bientôt à tout rompre à son passage.

À l'applaudimètre, la phrase qui remporte le plus de succès est sans surprise celle sur la préférence nationale : « ...nous appliquerons le principe de priorité aux Français dans l'accès à l'emploi, au logement et dans l'attribution d'aides sociales ».

À la fin du discours, Françoise, une adhérente rencontrée au Carré deux jours plus tôt, est ravie : « Il était bien le discours, parce que, quand même, elle a été très concrète. Marine analyse très bien le pourquoi des dérives que nous connaissons. Finalement, on est presque revenu au temps de la royauté. Les rois s'enrichissaient sur le dos du peuple, dont ils se fichaient, et aujourd'hui c'est pareil avec nos dirigeants, et nous, eh bien on se démerde ! »

Et, au-delà de ce sentiment de trahison et de lâcheté des élites, pointe une révolte que Françoise se dit prête à faire exploser : « Si le Front n'a pas les 500 signatures, on brûle tout, on ne pourra pas laisser passer ça. Ce n'est pas possible ! »

— Il y aura certainement des consignes, tu ne crois pas ?

Une simple suggestion et Françoise semble rassurée : « Oui, de toute façon, "ils" ne pourront pas nous empêcher de nous présenter. »

À quelques mètres, beaucoup plus posé, Cédric,

23 ans, le plus jeune militant de notre département, l'un des plus naïfs aussi. Commis de cuisine dans un établissement parisien réputé, il est aujourd'hui interviewé au sujet des musulmans et son discours est un modèle de version officielle du FN, prononcé cette fois sans arrière-pensée. Ainsi, à la question « le Front national est-il contre l'islam ? », Cédric répond-il sans ambages.

— Non, d'ailleurs, moi-même, je travaille avec des musulmans, ça ne me pose aucun problème. Mais la religion ne doit pas être dans l'espace public. C'est ce que dit Marine quand elle dénonce les prières de rue. D'ailleurs, même en Algérie, prier dans la rue est interdit. Nous demandons donc aux musulmans qui ne sont pas d'accord avec ceux qui encouragent ce type de pratiques de se désolidariser des extrémistes. Il y a des musulmans qui ne font de mal à personne et qui ne demandent qu'à aimer la France.

À la sortie de l'interview, je salue le sang-froid de Cédric pour sa première intervention télévisée. À l'occasion, il m'explique être d'origine étrangère. « Ma mère est portugaise, bon elle est européenne, mais elle avait peur de Le Pen. Alors, bien sûr, ça lui a fait bizarre quand je lui annoncé que je rentrais au Front national. Mais, peu à peu, elle comprend et ça ne m'étonnerait pas qu'elle vote Marine. » Et c'est d'ailleurs l'attitude de sa mère à l'égard de la France qui a été l'une des clés de l'adhésion de Cédric au Front.

— Ma mère a toujours respecté la France. Elle a demandé sa naturalisation, elle a francisé son nom et elle a refusé de vivre enfermée dans la communauté portugaise. Résultat : aujourd'hui, elle parle français sans aucun accent. D'ailleurs, elle ne s'est jamais exprimée en portugais devant des personnes qui ne le comprenaient pas.

— Et toi, elle t'a appris le portugais ?

— Non, elle n'a même pas voulu m'apprendre sa langue maternelle. Elle a toujours voulu s'intégrer dans la société française, ce qui n'était pas le cas de mes grands-parents, qui sont d'ailleurs repartis au Portugal prendre leur retraite. Ils sont venus pour fuir la dictature et ont ensuite vécu en communauté. Mais quand je vois le parcours de ma mère, je ne peux pas avoir des idées différentes de celles que je défends aujourd'hui.

Et si Cédric est aujourd'hui un mariniste convaincu, il ne fait pas pour autant partie des nouvelles recrues du Front. Adhérent dès 2007, il n'avait cependant pas repris sa carte en 2009, après les réitérations de Jean-Marie Le Pen concernant « le détail de l'Histoire ». « Et puis en 2010, j'ai été à nouveau membre, à cause de Marine. Son discours est différent. Mais il y a une chose qui m'énerve, c'est d'être assimilé à un raciste sous prétexte que je suis au Front national. Les amis de mes parents, ils le croient, alors qu'ils ne me connaissent même pas. Pourtant, je suis loin d'être raciste ou xénophobe. »

Je salue Cédric et m'apprête à sortir.

— Gabrielle !

Florian, rencontré lui aussi il a quelques jours au Carré, me rattrape juste avant que je ne sorte de l'Équinoxe.

— Excuse-moi, quand je t'ai vu, je me suis dit, il faut que je lui demande : est-ce que tu seras candidate ?

— En fait, ça me pose quelques problèmes familiaux et puis je m'investis déjà beaucoup au Front.

— Parce que tu ferais une bonne candidate,

— Merci de me l'avoir dit en tout cas. Mais, quoi qu'il en soit, vous gelez un tiers des circonscriptions.

— Oui, mais en fait, il ne va pas y avoir autant de personnes qui nous rejoignent que de circonscriptions gelées. Et puis s'il y a des gens de l'UMP qui arrivent, ils voudront des circonscriptions dans le Sud-Est ou dans le Nord. Alors, réfléchis !

— OK, je te tiendrais au courant de ma décision, de toute façon.

Chapitre 28

Formation à la fédération de Paris : nationalistes contre mondialistes

« Le Pen = NAZI ». Le tag s'étale en lettres noires sur toute la vitrine du forum. Impossible désormais de rater l'entrée de la salle de conférence de la fédération de Paris, qui se voulait d'ordinaire si discrète. Mais, qu'importe, la nouvelle décoration fait plutôt sourire les militants.

« C'est la deuxième fois en deux ou trois semaines. La première fois, on l'a signalé à la ville de Paris, parce que Jean-Marie venait à une réunion ici. Le personnel a été adorable, la vitrine a été nettoyée dans les heures qui ont suivi notre appel. Mais là, le FN porte plainte, alors l'inscription doit rester pour constatation, me précise Emmanuel. »

Formant une maigrichonne haie d'honneur, Emmanuel, Ludovic, l'adepte du collage arrosé à la bière et moi accueillons les militants et attendons notre invité. Édouard Ferrand, le président du comité d'action programmatique sur les relations internationales vient pour une conférence sur les nationalistes contre les mondialistes.

— C'est un dinosaure du parti, explique Ludovic. Mais il est en train de faire une mue, ses écaillent tombent parce qu'il est en train de nous faire une marinite aiguë ! Mais ça reste quand même le vieux lamentable qu'il convient d'éradiquer.

Le dinosaure, père d'une famille nombreuse et catholique pratiquant, adhère depuis 1983 au Front national, et a été nommé en 2007 membre du bureau politique. Manteau bleu marine et costume, Édouard Ferrand se présente, ponctuel et ravi de venir nous instruire. La responsable des formations-débats que je suis est chargée de présenter l'intervenant de la soirée, un « Bourguignon amoureux de son terroir ».

Avant de rentrer dans le vif du sujet, le responsable de la permanence, Hubert, le sourire aux lèvres interpelle notre intervenant, non sans une petite note de fierté et d'amusement :

— Vous avez vu : on s'est fait taguer !

— C'est la rançon du succès, lance Édouard Ferrand. Dans les années 2007-2008-2009, on nous avait oubliés, mais là Ras le Front ressort !

— C'est eux qui nous taguent, ils nous ont mis un tract dans la boîte-aux-lettres, précise encore Jean.

— Ras l'front, c'est finalement notre thermomètre.

Un thermomètre créé par Anne Tristan qui, elle aussi, avait infiltré le FN durant plusieurs mois, se faisant passer pour une secrétaire au chômage, c'était il y a 25 ans dans les quartiers Nord de Marseille. L'intermède Ras l'Front terminé, Édouard Ferrand entre dans le vif du sujet, après nous avoir assuré que nous serons tous, nous « qui avons la foi chevillée au corps, les acteurs d'une grande épopée en préparation. Je prédis à Marine quelque chose d'extraordinaire. Marine c'est un rayon de soleil ». Mais, toute lumineuse que soit notre présidente, les explications sur le thème « mondialistes contre nationalistes » restent sous un éclairage très classique de l'extrême-droite, que l'on convoque ou non d'ailleurs le fondateur de la Cinquième République pour l'occasion. « J'aime bien citer le général de Gaulle, qui disait : "la France est de race blanche, de religion chrétienne et de culture grecque et latine." C'est ce qui incarne notre combat » rappelle Édouard Ferrand.

L'homme semble à l'aise, parle sans aucune note. À ceux qui ignoreraient tout de l'histoire du nationalisme, il donne le change, alignant nombre de dates clés sous la monarchie. Concernant la Révolution, en revanche, aucun fait précis n'est détaillé, pas même le rappel de la bataille de Valmy, cette première victoire de la République sur la monarchie. En un éclair, nous voilà fin XIXe, plus précisément en 1898, année de la création par Charles Maurras de L'Action française. « Cette fois, on parle de nationalisme intégral », explique Ferrand, omettant soigneusement de rappeler qu'à cette invention s'ajoutait, par le même fondateur de L'Action française, celle de l'antisémitisme d'État. Un courant que notre intervenant affirmait pourtant bien connaître : en juillet 2008, dans un entretien au site d'extrême-droite Nation Presse Info, il déclarait : « J'aime cette école de l'Action française, emmenée par Charles Maurras qui reste l'école de pensée la plus puissante contre les ennemis de la France. » Des ennemis qui prendront plus tard les visages des fondateurs de l'Europe...

Dans son récit de la naissance de la communauté européenne, Édouard Ferrand glisse d'ailleurs une énormité : « Au départ, il y a quatre nations qui se sont dit : faisons une Europe économique à travers le charbon et l'acier. » Le Benelux venait donc en un clin d'œil de fusionner pour ne faire qu'un seul pays, l'Europe des six était devenue, grâce au président du comité d'action programmatique de Marine Le Pen sur les relations internationales, l'Europe des quatre. Une donnée non négligeable puisqu'en cas de victoire à la présidentielle, Édouard Ferrand, par sa place au sein de l'équipe du Front, peut espérer le fauteuil du Quai d'Orsay ou celui de conseiller diplomatique du futur chef de l'État. Il continue son exposé. « En 57, sont nés tous les traités qui n'avaient qu'un seul but : créer une Europe marchande. » C'était tout de même oublier un objectif tout aussi primordial que politique : la préservation de la paix, d'ailleurs le préambule du Traité de Rome précise qu'il s'agit pour les pères de l'Europe « d'établir les fondements d'une union sans cesse plus étroite entre les peuples européens ». Mais, n'ayant que faire des textes officiels, Édouard Ferrand continue sa lecture de l'Histoire : « Le but suprême, c'est que le mondialisme fasse un homme nouveau sorti des nations et de tout ce qui peut l'enraciner encore dans sa culture. Mais aujourd'hui, les peuples ont choisi de résister à cette européanisation forcée. Les partis politiques qui montent actuellement recherchent le retour à l'identité. La Hongrie, par exemple, est pour nous un vrai laboratoire d'idées. C'est un pays qui a retrouvé son identité, sa culture, ses couleurs. » Un laboratoire aux méthodes néanmoins musclées comme le rappelle un article du *Figaro* du 9 avril 2010 : « Depuis 2007, la Garde hongroise, une organisation paramilitaire liée au parti [nationaliste] a pris l'habitude de parader dans les villages à forte population Rom, pour “intimider” les criminels et “réveiller la conscience nationale”. » Autre signe que Budapest a retrouvé son identité : sa nouvelle constitution et ses références religieuses chrétiennes exclusives, ses attaques contre l'homosexualité et le droit à l'avortement, la remise en cause de l'indépendance de la justice, la fin de la référence à la République...

Alors, en attendant de nous inspirer du modèle de l'extrême-droite de Viktor Orban, Édouard Ferrand semble se délecter de la situation économique gravissime que nous traversons. « On a aujourd'hui la possibilité de voir se dérouler sous nos yeux un bouleversement qu'on n'aurait pas imaginé. Et ce qui marche dans le discours de Marine, c'est le volet antimondialiste. Il s'agit de montrer aujourd'hui que seul le Front national peut permettre aux petites gens, aux classes moyennes, aux ouvriers, de pouvoir résister contre toutes les délocalisations, la vie chère, les difficultés quotidiennes. Cet axe de campagne peut avoir un accent de gauche. Dans le Nord-Pas-de-Calais, une région qui a été totalement sinistrée par la gauche et où la désindustrialisation a laissé beaucoup de traces, Marine a donné un espoir aux populations. Elle a montré que, sur des terres qui n'étaient pas les nôtres, les terres des syndicalistes, des ouvriers, des fonctionnaires, là où la CGT et le PC avaient été très présents dans les années 70, le discours antimondialisation du FN prenait très bien. Et, aujourd'hui, elle veut développer cet axe social auprès des classes moyennes, surtout auprès des fonctionnaires qui étaient hier notre bête noire. » Et Édouard Ferrand, preuve à l'appui, démontre combien cette stratégie est déjà gagnante : « J'ai remarqué à travers les nouvelles adhésions dans mon département un afflux de fonctionnaires, notamment de professeurs de collège et de lycée. Certains étaient syndiqués, d'autres venaient du Parti communiste. Dans l'Yonne, toute la section du parti communiste de Sens a rejoint le FN. Les gens sont extrêmement bien formés, ils ont été trompés par la lutte des classes et sont aujourd'hui des candidats qui font de très bons scores, par ailleurs ils disposent d'un réseau très intéressant. » Et pour parfaire sa démonstration de l'entreprise de séduction des électeurs de gauche, le responsable de la région Bourgogne nous raconte comment un ancien ingénieur et sa femme, inscrits il y a peu encore au Parti socialiste, en sont venus à militer dans nos rangs.

« Un jour, je reçois un coup de téléphone de nouveaux adhérents de mon département qui m'invitent à prendre l'apéritif. C'était des Bretons pure souche, venus de Brest. Lui était tombé au chômage et, comme il ne retrouvait pas d'emploi, il avait passé le concours de surveillant de prison. Quand il est arrivé au centre pénitentiaire de Joux-la-Ville, ses collègues lui ont demandé : t'es Front national ? Non. Eh bien, tu le seras dans six mois. » La salle rit et Édouard Ferrand insiste : « Cet adhérent ne venait pas du tout d'une famille nationaliste, attachée à l'Algérie française, absolument pas. Mais il en avait marre de se faire insulter en permanence par des détenus qui ne cessaient de lui dire : on va engrosser vos femmes pour les allocations familiales, de toute façon la France elle n'existe plus, et ainsi de suite. Et puis dans ce centre où l'on compte 70 % des musulmans, sa première surprise a été de constater que les prisonniers ne mangeaient pas la nourriture servie par l'administration, mais celle achetée par les familles. Elles leur font parvenir des colis depuis le bled, où a été envoyé l'argent des hold-up, des trafics de drogue et de voitures. Et à la solidarité familiale s'ajoute la solidarité communautaire. Mon nouvel adhérent m'a expliqué qu'à l'Église, quand une quête était organisée pour les prisonniers, tous les détenus en profitaient, catholiques ou pas. Mais quand l'imam distribuait des colis, il ne le faisait qu'à destination des musulmans. »

Dans la salle, des sourires entendus se lisent sur les visages.

La fin de la conférence approche, le temps de regonfler une dernière fois le moral des militants. « L'intérêt de cette élection est que notre message passe très bien. Marine va faire le plein partout. La dernière fois qu'elle est venue à Auxerre, nous avions prévu une salle de 500 places, cette fois, nous prévoyons d'accueillir 1 500 personnes. Aujourd'hui, rien que dans l'Yonne, nous sommes 450 adhérents au Front national, alors qu'en 2007-2009, nous n'étions que 90. C'est un bond extraordinaire et, vraiment, ça donne de l'espoir ! »

La trentaine de participants applaudit avant que ne lui soit donnée la parole. Et alors que nous avions eu un exposé relativement théorique sur l'idée de nation et la construction européenne, les militants ramènent le débat à leurs peurs quotidiennes, qui ne sont pas mineures.

Claude est un père inquiet : « Les jeunes de 25 ans aujourd'hui ignorent s'ils vont pouvoir trouver un emploi. Mon fils, dans huit jours, il risque d'être au chômage. » Le responsable est tout trouvé : « Le problème c'est Bruxelles, c'est l'Europe, en fait c'est la dictature de Bruxelles. » Françoise, elle, souhaite savoir comment convaincre ceux qu'elle rencontre de la « nécessaire sortie de l'euro ».

Réponse de notre invité :

— Selon l'article 3 de la Constitution, la souveraineté appartient au peuple, mais aujourd'hui ce n'est pas le cas. La France ne peut plus battre monnaie. Un pays sans monnaie n'a plus son identité ni sa souveraineté, Marine a eu raison avant tout le monde. Maintenant, pour l'élection présidentielle, l'incertitude tourne autour de la date de l'implosion de l'euro. Et, vu la situation pré-insurrectionnelle en Grèce, il n'est pas impossible que les choses évoluent. Alors, à tous ces grands crétins qui nous gouvernent, il faut bien dire que si la monnaie unique implose avant fin avril, Marine peut être élue.

— Ce serait génial, se réjouit Françoise.

C'est alors qu'un nouvel adhérent, venu du PS, désire nous faire part de ses lumières et de ses lectures.

— De toute façon, Sarkozy, il sait déjà qu'il a perdu. Michel Drucker l'explique très bien dans son livre. Tout le monde fait mine de ne pas le savoir, mais moi, je l'ai lu. Sarko a confié à Michel Drucker : « Je m'en fous, parce que j'ai mon métier d'avocat. » On essaie de garder le suspense jusqu'au bout, mais au deuxième tour ce sera Hollande contre Marine et on aura des chances de gagner ! Parce que François Hollande, il n'est pas du tout crédible, il est complètement à côté de la plaque.

Les politologues et autres analystes de la vie politique ayant été priés de passer illico au vestiaire pour se rhabiller au profit de Michel Drucker, Patrick nous fait également profiter de ses lectures, cette fois beaucoup plus orientées, et endosse par la même occasion une nouvelle identité professionnelle.

— Je me présente, je travaille dans la finance.

Le comptable de Puteaux devient soudain *trader*, j'admire au passage une ascension professionnelle des plus fulgurantes ! Avec le ton précieux associé au débit extrêmement lent de ces hommes qui s'écoutent parler et avec cet air supérieur qui le caractérise toujours, notre nouveau spécialiste des places financières se lance : « Les mondialistes continueront d'essayer de marcher sur les peuples, et du chaos régnera l'ordre nouveau et ces mêmes mondialistes rebondiront sur l'idée d'un espace monétaire beaucoup plus large, comme l'explique Pierre Hillard. » L'intervention n'a d'autre intérêt que d'avoir permis à Patrick de citer un auteur d'extrême-droite, écoutable sur Radio Courtoisie et proche d'Alain Soral, dont seuls quelques initiés dans la salle connaissent l'existence. Deuxième prise de parole de notre homme de la finance, qui se veut cette fois fin tacticien de la politique : « Bon, je vais essayer de replacer le débat. Concernant le discours du banquet des mille, j'ai fait un sondage auprès de personnes qui ne sont pas au Front national. Le *feed-back*, je prends un terme américain – il sourit –, le *feed-back* donc était mauvais. On me disait : Marine Le Pen n'a pas de programme économique. Et ça c'est excellent pour les ennemis ! Cela revient à limiter Marine Le Pen à un discours classique et à la cantonner dans ses terres. Donc il me semble important de se demander comment doser la campagne pour arriver au succès. »

— Parce que maintenant il faut conquérir les cadres, ce sont aussi des leaders d'opinion, complète Sylvain. Les autres, ceux de la France d'en bas, ils sont déjà conquis.

— Comme le dit Duhamel, ce sont les petites gens qui ne comprennent rien, c'est nous, précise Hubert, l'un des responsable de la fédération de Paris. Encore que ce n'est pas toujours aussi vrai : lors des dernières élections, l'arrondissement où le Front a enregistré ses meilleurs scores est l'un des plus bourgeois de la capitale, c'est le XVIe.

Françoise a trouvé l'explication : « On leur a mis des HLM et ils ont compris. »

C'est alors que, contredisant en partie le discours tenu lors de la conférence, Édouard Ferrand nous rappelle aux basiques du parti.

— Il faut de toute façon que nous restions sur nos fondamentaux, parce que, sur le terrain, les Français sont confrontés aux hordes d'étrangers. Les thématiques qui fonctionnent, ce sont l'insécurité et l'immigration.

Commentaire de Caroline : « De toute manière, c'est lié. » Et la confirmation est d'ailleurs censée se trouver sous nos yeux avec les dernières affiches de la campagne, à savoir un montage photo avec ce slogan « Choisis ta France ». D'un côté, un sans-abri tête baissée et des incendies de voitures, de l'autre un homme et une femme, souriants, de type européen assis sur un banc dans un village fleuri avec en arrière-plan un marché. Autrement dit, la France de la violence, de la misère, de la banlieue, sous-entendu de l'immigration, et de l'autre, celle de la tranquillité, de la sécurité, la France éternelle, un clocher dans le fond. Ce résumé du Front est jugé plutôt efficace par mes voisins, dont Sylvain, qui lève la séance.

Au retour, c'est Vincent qui me ramène chez moi, avec Françoise. La conversation s'engage sur les signatures des maires, dont la récolte promet d'être peu fructueuse dans le département. Pour l'instant, aucun maire n'a proposé de recevoir un responsable du FN 92.

— Ce sont vraiment des pourritures, commente Françoise.

— Mais il ne faut pas leur écrire, il faut aller au contact, préconise Vincent.

— Tu ne peux pas forcer la porte. Tu ne peux pas y aller à la hache. T'es un sans-papier, tu peux occuper la mairie et être reçu par le maire, mais si t'es français, tu ne peux pas le faire, faut comprendre la nuance, tente vainement d'expliquer Françoise.

— Alors, il faut utiliser les armes qui sont en notre possession. Tu vas voir le maire en le menaçant de lui mettre 150 Roms à l'entrée s'il ne te reçoit pas...

En conclusion de cette soirée, initialement axée sur les relations internationales, je trouvais dans la proposition de mon chauffeur un résumé des plus explicites de toute la diplomatie du Front national...

Chapitre 29

Recadrage de campagne

Après avoir invité Édouard Ferrand sur les nationalistes, je tente de faire venir au forum Michel Guiniot ou Stéphane Ravier. L'un et l'autre sont membres du bureau politique et spécialistes de l'immigration au FN. Le thème de notre prochaine formation s'impose donc de lui-même, ce sera : immigration ou islamisation. Sylvain ne tarde pas à me faire part de sa réponse par mail, mon responsable est enthousiaste.

« Nous pourrions traiter le tout en une seule session intitulée : immigration, islamisation, colonisation à rebours. Je préférerais pour intervenant Stéphane Ravier [...], car il est confronté au problème de plus près à Marseille. »

Aussitôt, je transmets à ma présidente régionale qui à son tour m'écrit, ainsi qu'à Sylvain : « sur l'immigration oui, mais sans la joindre à l'islamisation. Nous sommes en campagne... ».

Une campagne que Sylvain souhaite, lui, beaucoup plus centrée sur l'islam...

« Je trouve dommage que nous ne profitions pas justement de la campagne présidentielle pour attaquer l'islamisation de... Front, comme l'a fait Jean-Marie Le Pen en PACA avec l'affiche « NON à l'islamisme » et avec le succès que l'on sait [le meilleur résultat du FN en France]. Quand Marine a dénoncé l'occupation musulmane de nos rues françaises, il me semble bien qu'elle soit montée dans les sondages. [...] L'économie c'est bien, le social pourquoi pas, mais la défense de notre nation, c'est notre raison d'exister. Mais bon, je me conforme à ce que notre direction décide. »

Une direction qui a modérément apprécié les tentatives de recentrage de campagne à un échelon départemental, comme le montre la réaction de Marie-Christine Arnautu quelques heures plus tard...

« [Sylvain],

Il n'est pas approprié de dire "l'économie, c'est bien, le social" pourquoi, [...] d'abord parce que mettre au second plan en ce moment l'économie et le social [...] serait une erreur majeure, voire une faute politique. [...] À te lire, on dirait que Marine a délaissé d'un revers de main les fondamentaux du FN qui sont la préservation de notre identité et la politique d'immigration. C'est très ennuyeux, car ce n'est pas la première fois que tu émets ce genre d'opinion, souvent en public d'ailleurs. Riposte Laïque, que tu admires tant, a une seule obsession : "l'islamisation rampante", c'est un peu court comme idéal... c'est réducteur et simpliste. Tu as le droit de penser ce que tu veux, je te l'ai déjà dit, mais si tu veux rester responsable et cadre du FN, il te faut éviter :

1. de mettre en doute le bien-fondé du projet de Marine.

2. de considérer qu'à part l'immigration et l'islam, rien ne vaut la peine d'être dit, ni traité.

Ça devient lassant et je crois qu'il faut te poser la vraie question : es-tu oui ou non en phase avec notre projet présidentiel ?

Amitiés

Marie-Christine. »

Par ces quelques mises au point, ma vice-présidente semblait avoir oublié des déclarations passées, ne datant pourtant que du printemps dernier et signées de sa propre plume... Ainsi le 16 avril 2011, n'étant pas encore en campagne présidentielle, Marie-Christine Arnautu dénonçait dans un communiqué de presse « une islamisation rampante de nos villes » « absolument inacceptable et [appelant] à un sursaut national et laïc ». Et en conclusion, le chantre de l'économie et du social écrivait : « au moment où Claude Guéant accepte sans broncher l'arrivée prochaine de milliers d'Africains de Lampedusa dans notre pays, *via* le système Schengen, au même moment où le gouvernent fait de grands effets de manche sur le thème de la laïcité, le Front national réitère l'urgence de retrouver le contrôle de nos frontières et à stopper une immigration dont les lois et coutumes (...) mettent en danger notre identité et notre liberté ».

Chapitre 30

Patrick : « En 1940, je me serais engagé dans la LVF »

Ce dimanche 4 décembre, nous tractons sur le marché de Neuilly. À 10 heures, je retrouve Patrick sous la pluie, armé de tracts sur la fermeture des frontières. Exceptionnellement, Sylvain et Gisèle sont absents, pour cause d'action militante à l'autre bout du département. Je pressens depuis ma première rencontre avec Patrick qu'il est sans doute l'un des pires militants que j'aurais à connaître, et ce nouvel épisode de ma plongée au Front va le confirmer, sans aucune ambiguïté. Les quelques impressions échangées sur l'actualité en préambule de notre action matinale ne constituent qu'une entrée en matière. La conversation tourne autour du printemps arabe.

— Je ne pense pas que le fait d'avoir renversé ces régimes bouleverse finalement les choses, puisque les Arabes ne sont pas tellement des démocrates. Ils ne l'ont jamais été, c'est une invention occidentale, la démocratie. Prouvez-moi que les Arabes ont déjà été démocrates.

La proposition d'argumentation sur la question reste en suspens, puisqu'arrive Karine. Souriante et légèrement timide, cette nouvelle recrue du Front participe régulièrement aux tractages et aux formations, mais également aux collages, pour lesquels elle est d'ailleurs la seule femme volontaire du département. Approchant la trentaine, Karine paraît beaucoup plus jeune que son âge. Chaussures de sport et grosse parka, le look de cette militante, venue d'une banlieue moins bourgeoise que celle où je milite, tranche avec les habituées du marché où nous sommes. Chacun notre paquet de tracts en main, nous nous postons pour une heure et demie de militantisme à trois endroits différents.

— Qu'est-ce que c'est ?

— Un tract pour la campagne de Marine Le Pen.

— Ah, mais moi je suis UMP. Remarquez, je préfère le Front national aux cons de gauche, me lance un vieux monsieur. Je fais mine de l'approuver.

Se penchant sur mes feuilles, un homme entre deux âges me demande encore :

— C'est pour qui ?

Je prends un air désolé : « Le Front national. » L'homme rit et refuse finalement mon tract. Je me mets en quête d'une poubelle pour y glisser l'essentiel de feuilles restantes, et d'une boulangerie, pour passer le temps. L'heure avançant, je suis contrainte de retourner à mes activités frontistes. Un commerçant du marché m'aborde. La soixantaine, la voix rocailleuse, il peine à vendre ses articles de brocante et semble grelotter, comme moi.

— Ce n'est pas des billets de 500 que vous distribuez ?

— Ah non, désolée, ce sont des tracts pour le Front national. Qu'est-ce que vous pensez de la campagne ?

L'homme répond légèrement à côté de la question, mais me fait part de sa principale préoccupation pour le prochain scrutin.

— Vous savez, ma pauvre dame, avec la retraite qu'on me donne, que voulez-vous que je fasse ? La retraite de commerçant ne nous donne rien, rien du tout. J'ai 66 ans et il faut que je travaille.

— Mais savez-vous pour qui vous allez voter ?

— Si on me donne une bonne retraite, alors là je vote. Mais, à chaque fois, on nous dit : celui-là, il est meilleur que l'autre, alors ?

— Mais, quand même, vous irez voter ?

— Ah oui, quand même. J'aime bien Marine Le Pen, parce qu'elle dit beaucoup de vérités. Je ne suis pas raciste, mais ici maintenant les gens ne veulent que s'enrichir sur les dos des travailleurs. Il y a cinquante ans en arrière, il y avait des bidonvilles à Stains et, maintenant, il y en a encore plus. Alors, qu'est-ce qu'ils font ceux qui habitent là-dedans ? Ils vont voler à gauche, à droite, il n'y a plus que des voleurs. Je me suis fait prendre un vase l'autre jour. Mais autour de Saint-Denis, vous avez vu les bidonvilles ? Alors, que fait le Français ? Il paye pour tous les étrangers. Donc, s'il y a du changement, ce serait bien quand même.

— Vous avez déjà voté pour le Front national ?

— Oui, et Marine Le Pen, c'est une femme qui sait ce qu'elle dit. Les autres, ils nous promettent beaucoup de beurre. Il fait une moue dubitative : Hollande, moi je vois pas ce moineau-là président.

— Et pourquoi ?

— Déjà, il a divorcé de sa femme.

L'homme n'en dira pas plus sur « le moineau socialiste », car l'essentiel du débat présidentiel se joue ailleurs : « Il faut aider les Français en priorité. Quand vous allez sur certains marchés, des Noirs et des Arabes, il n'y a que ça. Et vous n'avez pas le droit de déballer. Mon grand-père s'est battu pour la France, et on vient me demander ce que je viens faire ici ! Vous vous rendez compte ? On est en France, et on n'a plus le droit de rien ! » L'homme se reprend : « Mais il y a des bons et des mauvais Arabes. » Je salue celui qui sera certainement un électeur du Front le 22 avril prochain, et décide de prendre le prétexte du froid auprès de mes compagnons de militantisme pour aller prendre un café au plus vite.

Je n'ai aucune peine à les convaincre. Patrick commande un chocolat, Karine un verre de rouge et moi un café. La conversation ne s'instaure qu'entre Patrick et moi. Karine, très effacée, reste néanmoins attentive.

— Je n'arrive plus à voir la différence entre la droite et la gauche, avoue Patrick.

— Justement, sur le marché ce matin, un passant m'a dit qu'il votait UMP, mais qu'à tout prendre il préférait le Front à la gauche. J'ai failli lui répondre : ah mais au FN, entre gauche et droite, on ne fait pas trop la différence !

Patrick rit de mes réflexions et, pour la première fois, se livre un peu.

— Mais si la gauche passe, la France tombera très bas. De toute façon, nous allons vers le chaos, conclut-il.

Je sens qu'il faut que je pousse Patrick dans ses retranchements, je feins donc de partager son catastrophisme.

— Je suis aussi très pessimiste. Entre le chômage et la montée des communautarismes, je ne vois pas comment nous allons nous en sortir.

C'est alors que Patrick se lance dans une très aventureuse analyse géostratégique dont je ne maîtrise pas toutes les clés.

— De toute manière, les États-Unis sont eux aussi victimes de la mondialisation. Mais les Américains réagiront en votant pour le *Tea-Party*. S'ils ne le font pas, ce sera le déclin définitif et, côté Obama, ils voudront déclencher une guerre, peut-être en Iran. Il faut aussi savoir que les États-Unis ont un plan de destruction au niveau de la Russie. En fait, il y a deux plans militaires, dont un par l'Ukraine.

J'écarquille les yeux : « Mais comment sais-tu ça ?

— J'ai des informations par des Russes qui sont bien renseignés et aussi par des gens comme Pierre Hillard. Il a écrit des ouvrages sur le mondialisme, il explique qu'en fait le système supranational détruit les États-Nations pour organiser un gouvernement mondial.

— Et tu le connais ?

Patrick sourit et ajoute, en toute modestie : « C'est plutôt lui qui me connaît, parce que je suis assez informé. »

Je sentais, comme toujours chez Patrick, ce besoin irrépressible de se mettre en avant. Ce qui m'aurait semblé totalement ridicule chez d'autres, m'apparaissait alors inquiétant. Il n'était pas ouvertement revanchard, mais certainement y avait-il dans son attitude l'expression d'une frustration. Militer à l'extrême-droite correspondait sans doute pour lui à un certain goût de la provocation, autant qu'à de réelles convictions... C'est ainsi qu'il nous raconte fièrement être

« tombé sur un bolchévique » lors du dernier marché. « Il m'a dit : « On va appeler Ras le front pour te péter la gueule ! »

— Qu'est-ce que Ras le front ?, demande Karine.

Je lui explique brièvement, Patrick continue :

— Je lui ai répondu en russe, puisqu'il était bolchévique : « Écoute, fais ton numéro, moi avec mes copains on va te couler la tête dans le béton. » Maintenant, avec ceux qui me menacent, je passe un cran au-dessus, explique Patrick d'un air las.

Puis il me confirme ce que je pressens : il n'est au Front national que par souci d'efficacité électorale, mais sa véritable famille politique est ailleurs : « Je vais aller à la réunion du NDP et du Parti pour la France, j'ai reçu une invitation. Déjà j'étais intervenu sur Radio Courtoisie pour appeler Carl Lang à préparer les législatives avec Marine Le Pen. »

Encore une fois, Karine a du mal à suivre, elle ignore ce qu'est le NDP, à savoir un groupuscule d'extrême droite fondé par un ancien du Front national Robert Spieler, entre autres chroniqueur pour *Rivarol*... Patrick résume : « C'est la droite de Jean-Marie Le Pen. La logique Spieler repose sur le fait que le mouvement nationaliste français ne pourra pas faire face seul à ses ennemis, ils sont trop puissants. Donc, à terme, il cherche à s'allier avec d'autres nationalistes européens. Sans doute qu'il faudra tendre vers cette stratégie s'il ne se passe rien au FN lors des prochaines élections. »

— Mais entre nous, Patrick, Marine Le Pen ne passera jamais au deuxième tour. Elle peut être présente, mais elle ne gagnera pas, lui fais-je remarquer.

Patrick ne semble pas si certain de mon pronostic :

— Si elle ne passe pas, c'est le début de la fin.

Parce que si la gauche arrive au pouvoir, les socialistes feront adopter le droit de vote des étrangers, donc c'en sera fini pour le Front national. À terme, ce seront les plus forts qui gagneront et les plus forts, ce sont les musulmans, ne serait-ce que d'un point de vue démographique. Ils vont continuer de pratiquer la politique de la dhimminitude.

— C'est à dire ?

— Ça signifie que si tu es chrétienne ou juive, tu te tires du quartier, parce que tu n'as plus rien à faire chez eux. Un tas de gens subissent ces pressions. De toute façon, ces quartiers deviennent tellement sales que les habitants finissent par partir. Les musulmans pratiquent une sorte de politique de la terre brûlée qui marche très bien. Regarde l'évolution du côté de Gennevilliers. Dans mes jeunes années, quand j'y distribuais des tracts pour le MPF, le Mouvement pour la France, il y avait toujours quelqu'un qui restait dans la voiture pour qu'elle ne soit pas dégradée.

Karine nous relate alors l'entretien qu'elle a récemment eu avec une enseignante en lycée professionnel à Angers.

— Elle a peur des Arabes. Elle est obligée, pour éviter de se faire agresser ou d'avoir ses pneus dégonflés, de laisser ses élèves faire ce qu'ils veulent. Donc ils peuvent continuer leur trafic tranquillement.

— Cela fait penser à ce qu'on observe dans le 93, enchaîne alors Patrick. Les Français sont obligés d'acheter la main d'Allah qu'ils mettent dans leur véhicule. Comme ça, leur voiture n'est pas abîmée. Ils subissent, voilà. Et le problème c'est que, dans ma ville, les gens qui sont pour Marine, restent sagement dans leurs chaussons. Ils réagiront quand les barbus voudront leur trancher la gorge. C'est pour ça que si Marine ne passe pas, je choisis le NDP.

Patrick, qui dit venir d'une famille gaulliste, est en réalité déjà parti une fois du Front il y a quelques années. Séduit par les discours de Jean-Marie Le Pen, il avait aussi été découragé par les petites phrases de l'ancien président du Front national, des provocations contre-productives selon lui.

— Ça nous sapait le moral, donc comme j'avais des amis à l'ARN, l'Alliance pour la résistance nationale, j'y ai milité. Et puis en cas de conflit, à l'ARN, nous avons des plans d'extraction.

— C'est-à-dire ? Je reprends une gorgée de café, Karine une fois de plus me semble décrocher.

— En cas de conflit armé en région parisienne, nous pourrions partir en province pour faire des actions de résistance. Notre truc, ça va très loin.

— Concrètement ?

— J'ai des amis à Reims, il y a des groupes, il y a des patriotes.

Patrick n'en dira pas plus sur « les plans ». Sent-il qu'il en a déjà trop dit ? Il préfère en tout cas à cet instant de la conversation s'orienter vers la Deuxième Guerre mondiale. Je crains le pire, avec raison.

— Nous sommes traités de fachos mais, avec le recul, les Français qui se sont battus en 1940, aujourd'hui ils choisiraient la Wehrmacht. S'ils sortaient de leur tombe, ils prendraient l'uniforme de la LVF. Moi en 40, je me serais engagé dans la LVF.

— Qu'est-ce que c'est ?

Je ne veux pas effrayer Karine, ce qui pourrait freiner Patrick dans ses confidences. Je reste donc volontairement évasive et lui explique qu'il s'agit de la légion Charlemagne, sans plus de détails. Elle fait mine de comprendre.

— L'Histoire est plus compliquée qu'on ne veut la retranscrire. Dans la Résistance, il y a eu des actions remarquables, mais certains voulaient aussi massacrer du Boche. À la Libération, certains résistants ont proposé à des prisonniers de s'évader, pour ensuite les tuer en forêt. Il y a plein de choses dont on ne parle pas.

Patrick poursuit sur les massacres en Tchétchénie. L'addition arrive, il paye pour nous trois.

Nous le remercions, mais avant de nous quitter, il tient à me faire une dernière mise au point idéologique.

— Entendons-nous bien, je ne suis pas pour le petit moustachu, je reste quand même royaliste. L'Action française dit : les rois ont fait la France, la République la défait. Ce qui prouve que nos institutions sont incapables de maintenir le pays d'un point de vue culturel.

Sur cette conclusion qui est censée me rassurer, je quitte Patrick et Karine. A-t-elle compris que le petit moustachu était Hitler ? J'en doute.

Chapitre 31

À l'écoute de la bonne parole de Louis Aliot et Marie-Christine Arnautu

— C'est ici pour l'anniversaire ?, me demande une femme accompagnée d'un jeune garçon portant une kippa.

Je lui indique que le local a été réservé pour une réunion politique. Les égarés partis, Nicole me fait remarquer qu'ils ne devaient sans doute pas venir pour un anniversaire, vu le couvre-chef de l'enfant.

— En tout cas, Gabrielle, vous avez été très diplomate.

De la diplomatie, je passe à la logistique. En ce dimanche de décembre, tous les adhérents du département ont été conviés à venir écouter la bonne parole de nos vice-présidents, Marie-Christine Arnautu et Louis Aliot. La réunion se fait autour d'un buffet concocté par Gisèle. Alors que Cédric, Sylvain, Nicole et moi nous activons à préparer les tables, Christian Maréchal, souriant, observe notre manège depuis sa chaise.

Au total, près d'une centaine de personnes feront le déplacement ; parmi elles, une vieille connaissance : Loïc. Entre habitués des marchés, nous échangeons nos impressions : « l'autre jour, une personne m'a abordé, en me disant de façon agressive : ma mère a été déportée. Là, t'as envie de dire : excusez-moi, je ne vois pas le rapport. Ma grand-mère aussi a été dans les camps et ça ne l'empêche pas de voter FN... »

Établir un rapport entre la Seconde Guerre mondiale et le Front, Loïc aurait pu y parvenir s'il avait pu supporter le visionnage d'une émission consacrée à l'histoire de notre parti et diffusée quelques jours plus tôt sur France 3. Seulement, après quelques images, il n'en pouvait plus et avait donc arrêté de regarder, parce que « c'est toujours la même chose ». Beaucoup plus intéressant que l'analyse de l'extrême-droite, l'islam, un sujet majeur de préoccupation pour Loïc. En pleine séance d'effroi sur l'islamisation en marche dans notre pays, Cédric nous demande si nous avons fait un chèque pour le buffet.

Je lui précise que j'ai donné du liquide à Sylvain au banquet des Mille.

— Ah c'est louche ça, il n'y a pas de trace, plaisante Cédric.

Dehors, viennent d'arriver Marie-Christine et Louis Aliot, immédiatement entourés par plusieurs militants.

— Allons enfants... Sylvain teste avec succès la sono, la réunion peut commencer.

Au cœur des discussions, il y a les parrainages, mais aussi le militant FN et ses méthodes. Louis Aliot, compagnon de Marine Le Pen et ancien directeur de cabinet du père de celle-ci, connaît bien la base du FN et lance une mise en garde : « Il faut faire pression sur les maires. Vous connaissez peut-être vos élus, mais ne les insultez pas, hein ? Ça ne sert à rien. Il faut toujours être courtois, poli, en disant tout de même les choses. Quelquefois nos militants sont tellement indignés que leurs écrits ou leur paroles dépassent leurs pensées, ce qui a un effet contre-productif... »

Les consignes de politesse passées, Louis Aliot s'attelle à l'incontournable sujet de l'immigration, fustigeant « les personnes qui ne veulent pas s'assimiler et qui veulent nous imposer un autre modèle de société. Les gens s'inquiètent de ces communautés qui s'installent dans nos villes et deviennent de véritables zones de non-droit où s'appliquent leurs préceptes, qui souvent sont des préceptes religieux ».

Pour autant, le vice-président du FN se veut rassurant : « nous ne sommes pas dans une guerre de religion dans laquelle d'autres voudraient nous amener, nous sommes pour une régulation des flux, un juste équilibre ».

À bon entendeur… Installé au premier rang, Christian Maréchal précise tout de même, au cas où : « juste une petite chose par rapport à ce qu'a dit Louis. Cher ami, les mosquées en Algérie ont servi pour cacher des armes. Alors les mosquées en France ? Elles peuvent servir de planque pour les terroristes, il faut bien voir ça ».

Le cher Louis semble avoir bien vu, puisqu'il précise que les églises à Alger avaient aussi été utilisées pour déposer des armes. Nous étions donc prêts à nous défendre... Une défense qui devait commencer par quelques règles de prudence. Nathalie, une responsable de secteur s'inquiète des informations disponibles sur internet et qui émanent de réunions en interne du Front.

— Je pense que vous faites allusion aux propos de Dominique Martin, qui animait ses réunions avec humour, peut-être un peu trop parfois, suggère Marie-Christine Arnautu. Dominique est quelqu'un qui a le respect des militants, et s'il y a bien quelqu'un qui est militant dans l'âme, c'est lui.

Le frontiste modèle et membre du bureau politique en avait en effet apporté la preuve lors d'un congrès du FN en 2007. À l'occasion de cette manifestation, un étudiant en journalisme avait pu alors se rendre compte par lui-même du talent humoristique de ce brave Dominique et en faire profiter les abonnés de Mediapart. Le militant dans l'âme avait distillé quelques conseils à d'autres frontistes pour aller vers les « clients-électeurs ». Il fallait être « bien démago à mort » et ne pas oublier d'aller voir « les Portugais, [parce que] ça vote aussi », ces Portugais « qui font tout [eux-mêmes], roulé sous les aisselles ».

— Il dit beaucoup de choses au second degré, explique encore notre vice-présidente qui confesse avoir « pleuré de rire en voyant la vidéo de Dominique Martin ». Elle conclut : « je sais que personne ne dit de bêtises. Mais ayez toujours en tête : je suis enregistrée. Faites très attention y compris avec des gens que connaissez ».

Vigilante, Marie-Christine l'avait toujours été, au contraire des militants du Front. Quoi que, me voyant serrer la main de Louis Aliot et ayant appris mon futur déménagement pour la capitale, elle déclare : ce sera une très bonne recrue pour Paris. La recrue sera par ailleurs regrettée par Nicole : jeune, dynamique, intelligente vous aviez beaucoup de qualités. Ce n'est pas sympa de nous abandonner comme ça !

Antoine, le candidat aux législatives sur Levallois s'invite dans la conversation : et on aurait eu une bonne candidate !

— Extraordinaire, ajoute encore Nicole.

Pour sûr, ma candidature aurait pu sortir des sentiers battus et rebattus de l'extrême droite !

Mais la candidature qui pour l'instant me préoccupait était bel et bien celle de Marine Le Pen, Marie-Christine me rassure.

— Hier dans le sondage de l'Ifop, elle était de nouveau à 19,5. Mais les sondages, il va falloir s'y faire. Le FN sera donné à 13 ou 14 pour bien saper le moral de tout le monde. Les sondeurs vont faire monter Sarkozy, puis le faire redescendre, monter, redescendre... Ce sera un yoyo permanent. De la même manière, les instituts de sondages sont aussi capables de nous mettre à 30 pour faire peur aux gens. Le mieux, c'est qu'on reste à 20 %. Mais de toute façon, il y aura énormément de manipulations médiatiques et politiques.

Loin de ces considérations politico-journalistiques, Gisèle s'active à faire le service, après avoir préparé durant des heures des salades et des canapés.

Je la gronde gentiment de ne pas m'avoir appelée afin que je l'aide, puis engage une conversation de saison.

— Autrement, tu es dans les préparatifs de Noël ?

— Non, simplement, je vais aller passer deux jours et demi en Alsace pour les marchés de Noël le week-end prochain. Donc, je ne pourrai pas être là pour le tractage de dimanche. J'avance en âge, il faut que je fasse des choses, autrement on arrive au cimetière, et on n'a rien fait.

— Tu y vas avec une amie ?

— Non, je prends le car avec un groupe. Tu as pris de la salade ?

Je m'étais servie et espérais que Gisèle ne passerait pas Noël seule.

Se tenant à l'écart du buffet, deux apprenties journalistes sont venues pour un exercice de reportage. Elles n'ont été autorisées à entrer dans la salle qu'après les interventions de Louis Aliot et Marie-Christine Arnautu.

— Nous travaillons sur la perception des femmes en politique. Alors, comme Marine Le Pen est candidate... Mais je suis surprise par les gens que j'ai pu rencontrer, m'explique l'une des étudiantes au teint basané. J'ai par exemple discuté avec une femme très écolo. Elle avait des idées très différentes de ce que je pensais trouver au Front national. Je n'étais pas du tout partie avec cette hypothèse-là. De la même façon, j'ai parlé avec un jeune homme pour qui le fait que vous ayez une candidate et non un candidat lui était égal. Ce qui était important, c'était le travail de Marine Le Pen.

— Donc, finalement, votre opinion est plutôt positive ? À ma question anodine, réponse sympathique.

— Oui, j'avais en tête la caricature d'un parti raciste, mais c'était à tort, puisque de toute manière, il y a plusieurs nuances. Je comprends le point de vue de certaines personnes, compte tenu de leur histoire.

— Et l'histoire du FN, vous vous y êtes intéressée ?

— Non, c'est aussi pour ça que je suis venue. Elle se reprend : « Enfin si, l'histoire je la connais par les médias. »

Louis Aliot et Marie-Christine Arnautu viennent nous saluer avant de partir.

— Ça va, tout le monde a été gentil avec vous ?, s'inquiète le compagnon de Marine Le Pen.

Le sourire des étudiantes n'est sans doute pas un rictus de façade. À mes côtés, une adhérente, la seule frontiste maghrébine que je verrai au cours de cette expérience, est elle aussi convaincue de ne pas avoir affaire à un « parti de fachos ».

D'ailleurs, le web lui en a fourni la preuve.

— J'ai regardé toutes les vidéos sur internet. Franchement, il n'y avait aucun propos racistes, aucun. Sarkozy est plus dur que Le Pen. Et j'ai même appris que la famille Le Pen avait été victime d'un attentat, leur immeuble a été détruit par l'explosion d'une bombe. Et jamais les coupables n'ont été arrêtés. Moi, je suis venue au Front parce que je suis contre la construction européenne, j'avais voté contre la constitution européenne et on nous l'a imposée.

L'apprentie journaliste rebondit : « justement, plusieurs personnes nous ont expliqué ce soir que l'argent empoisonnait tout. Ce que je retiens, c'est qu'ici vous faites passer la défense de la nation avant l'argent. Franchise et vérité, ce sont des mots qui ont été plusieurs fois employés. Donc, vu la différence entre la caricature que j'avais avant de venir et ce que je connais maintenant, je repartirai avec une autre image du Front national... ».

Elles me pressent pour que je réponde à leur questionnaire. Je préfère m'enfuir. La potentielle et excandidate aux législatives du Front que je suis, ne voudrait tout de même pas décevoir ses futures consœurs.

CHAPITRE 32
UN MILITANT DU FN, FAN DE FAURISSON ET DE DIEUDONNÉ

« Sébastien, qui est très actif sur les réseaux sociaux, toujours disponible et de bonne humeur... ». Ainsi présenté par Marie-Christine Arnautu, devant les militants du département, Sébastien en rougirait presque. Ce grand brun, baraqué et tatoué s'investit en effet beaucoup sur la toile dans l'espoir de grimper dans le parti. Il a d'ailleurs été nommé fin janvier secrétaire du secteur Nord par notre responsable fédéral, ce « militant assidu, organisateur et mobilisateur mérite amplement ce poste », écrivait dans un mot de félicitation, Sylvain. C'est donc en toute logique que, sur son mur facebook, Sébastien a choisi de mettre en avant un cliché pris lors du banquet des Mille en novembre dernier où il pose aux côtés de « Marine ».

Parmi ses amis Facebook figurent donc nombre de simples militants ou cadres du FN : Caroline, Guillaume, Philippe Chevrier ou encore Marie-Christine Arnautu. La liste est complétée par des figures de l'extrême-droite, Alain Soral ou Emmanuel Ratier. Matthieu, lui, est un anonyme qui a choisi de remplacer sa photo par un cliché montrant une croix celtique, utilisée comme emblème par l'œuvre française... À noter également un « ami » appelé « obscurantisme moderne », représenté par une étoile de David surmontée de deux symboles de la franc-maçonnerie, un compas et une équerre.

Prenant à témoin l'ensemble de ses différents contacts, dont moi-même, Sébastien s'interroge : « Le FN, un parti raciste, homophobe, antisémite et fasciste ? » Au début du mois de janvier, la réponse coule de source : « À ma table, pour la galette du Front à Saint-Denis cet après-midi, j'avais des militants noirs, homos ou d'origine immigrée. Je pense que peu de partis peuvent en dire autant. »

Quatre jours auparavant, notre défenseur d'un FN à la limite du cosmopolitisme avait néanmoins posté une vidéo, autrement dit « un petit rappel d'Histoire » qui n'était autre que « le problème des chambres à gaz selon Robert Faurisson ». L'un de ses amis avait alors suggéré que « le prochain film de Spielberg » s'intitule « six millions d'impostures », un autre espérait « qu'il fasse six millions d'entrées ». Pas de commentaire posté en revanche pour une seconde vidéo intitulée « L'Holocauste selon Faurisson », mise en ligne le même jour. Sébastien avait alors trouvé pour titre à cette ignominie : « Un peu d'Histoire ne fait jamais de mal. »

Le 24 novembre, il écrivait déjà : « je pense que sans cette scandaleuse loi Gayssot, les Français auraient ouvert les yeux sur certaines choses et la France n'en serait pas là ! La France, à l'image du monde entier, est gangrénée par le cancer et j'espère qu'on finira par trouver le remède définitif ». Et des remèdes, Sébastien semble en trouver auprès de sites tels que « Égalité et réconciliation » de l'extrémiste Alain Soral ou encore celui du parti antisioniste de Dieudonné. Un groupuscule antisémite dont Sébastien a relayé le communiqué concernant la pièce *Golgota Picnic*, le 26 octobre. Pour présenter ce communiqué, le militant frontiste écrit : « pratiquants ou pas, croyants ou pas, soyons tous au rendez-vous afin que cesse le non-respect de nos amis chrétiens ! Il n'y a pas de raison que ce soit toujours les mêmes religions qui soient moquées ou salies ». Le lien du site du parti antisioniste est ensuite indiqué. On peut y découvrir le programme, qui tient en quelques lignes : « faire disparaître l'ingérence sioniste dans les affaires publiques de la nation, dénoncer tous les hommes politiques qui font l'apologie du sionisme dans la nation et éradiquer toutes les formes de sionisme dans la nation... ».

Mais plus encore que le site de ce parti, Sébastien apprécie les vidéos de son fondateur et humoriste, Dieudonné, des vidéos au titre évocateur comme « ils ont souffert les juifs, putain d'merde ! ». Postant un autre sketch, Sébastien écrit : « Shoananas, shoabricot, touche à mon cul, si ça fait de la musique » MDR, mort de rire.

Plus question de plaisanter en revanche lorsqu'un élu décide de faire un geste de solidarité avec un otage franco-israélien. Le 28 septembre, Sébastien poste donc le message suivant : « j'ai ma pourriture de maire UMP qui non content d'écrire l'édito dans la revue communautariste juive de ma ville, nous a mis un portrait de l'autre saloperie de Shalit sur la façade de la mairie ».

Le vocable employé n'aurait certainement pas déplu aux autres références de l'internaute « si actif sur Facebook », comme l'avait salué notre vice-présidente. Sébastien avait en effet mis en ligne durant l'été un lien avec le blog d'Hervé Ryssen, révisionniste croisé lors du banquet de *Rivarol* et dont le site a été supprimé depuis. Par ailleurs, tout comme Sylvain, notre militant du net apprécie beaucoup les interventions de David Duke, qui expliquent « certains moments de l'Histoire ». L'ancien leader du Ku Klux Klan, négationniste, s'attache à démontrer la soi-disant dangerosité des juifs... Un message que relaie naturellement Sébastien, notamment dans un appel au dialogue des plus engageants : « certains (en général PS ou autres gauchistes) refusent de parler avec des sympathisants du Front. Et après, c'est le FN qui est intolérant. Jamais, je n'ai refusé [de discuter] avec un gauchiste, ni même exclu une personne de ma liste car nous n'avions pas les mêmes idées politiques (en dehors des sionistes, mais là ce sont des criminels) ».

Mais outre l'antisémitisme, déversé *ad nauseam* sur le mur du frontiste, se trouvaient évidemment des attaques en règle contre les musulmans, couplées ou non d'ailleurs à celles contre les juifs. Ainsi, le 29 octobre, Sébastien est-il horrifié après avoir fait quelques courses à la Défense : c'était « à gerber, [il] était plus facile de trouver des voilées que des blancs. Et dire que la Défense n'est pas le 93, je n'ose imaginer ce que cela doit être. À ce stade, ce n'est plus de l'immigration, c'est une invasion pure et simple, une substitution de populations "de souche", orchestrée par nos mondialo-sionistes qui nous gouvernent ».

Des responsables qu'interpelle Sébastien le 17 octobre : « que nos élites et ceux qui les soutiennent aillent faire un petit tour à Pôle Emploi, à la sécu, à la CAF ou dans les centres médicaux... Ils comprendront d'où viennent les dettes massives de notre protection sociales ». « Ce matin, [j'avais] un rendez-vous au centre médical Saint-Lazare. J'étais le seul blanc (Français) sur une petite trentaine de personnes invitées par de belles affiches à présenter leur carte de CMU ou d'AME. Et après, on nous parle de trou de la sécu. Ne cherchez plus, j'ai trouvé ! » Au sujet cette fois de sa recherche d'emploi, il écrit : « j'ai reçu un courrier pour m'indiquer que ma conseillère personnelle à Pôle Emploi était Mme B.Z.Rached, Je ne sais même pas quel est son prénom là-dedans, mais je sais au moins que c'est une femme. Vive la France ! ».

Des propos qui paraîtraient presque modérés en comparaison au message de soutien qu'il adresse à Julien Rochedy, le président du FNJ, après le passage de ce dernier dans une émission de TMC diffusée le 24 nombre 2011 : « Courage, Julien, je pense que face à tant d'hypocrisie et de mauvaise foi, il n'y a pas grand-chose à faire ! Il faudra repasser cette émission lorsque des guerres civiles interethniques auront éclaté de façon généralisée un peu partout sur notre territoire. »

Peut-être Sébastien avait-il ainsi lu les propositions de référendum sur le conflit islamo-européen que mon responsable départemental entendait prochainement déclencher... Pour autant, quels que soient les messages les plus nauséabonds postés sur son mur Facebook, le jeune frontiste se permet une mise au point vis-à-vis de ses « amis » de la toile : « pouvez-vous faire attention aux contacts que vous vous ajoutez, s'il vous plaît ? Certains se retrouvent avec des mecs qui font le salut nazi et portant des brassards avec la croix gammée, je n'ai pas envie d'être assimilé à ce genre de personnes ». En effet, il eût été fâcheux que Sébastien, relais de thèses révisionnistes, puisse être « assimilé à ce genre de personnes », puisqu'il défendra en juin prochain les couleurs du Front. Il a été investi comme candidat suppléant dans sa circonscription !

CHAPITRE 33

LES MILITANTS, VICTIMES DE « CINGLÉS »

Le véhicule de Sylvain est encombré d'affiches du Front et sent la colle. Comme à son habitude, mon secrétaire départemental est à l'initiative du covoiturage pour le marché. Faisant le guet devant son garage, Gisèle m'attend, chaudement vêtue.

— Avez-vous votre portable ? Je vais vous donner le numéro de la police de Villeneuve, annonce Sylvain.

Je suis intriguée.

— Gabrielle, ça devrait t'intéresser, parce que si on se fait agresser, c'est toi qui seras attaquée la première, vu ta corpulence, estime Sylvain.

Je reste dubitative quant aux risques encourus.

— Ah tu n'y crois pas. Mais à Marseille, dernièrement une militante s'est fait casser les mains à coups de barre de fer, me rappelle mon chef.

Je prends donc les coordonnées du commissariat, Gisèle également, d'autant qu'elle a déjà été victime de « cinglés ».

— L'autre jour, dans l'autobus, un type m'a donné un coup pour passer devant moi, simplement parce que je suis une vieille femme blanche. Lui, c'était un Maghrébin évidemment ! Vingt-cinq ans et ça prend les places assises. Ils accaparent tout ! Ils veulent écrabouiller les Français, voilà !

Et pour Gisèle, le danger est d'autant plus prégnant que « Sarko, ce salopard a supprimé la double peine. Pourtant ce n'était que justice. Que ceux qui nous créent des nuisances repartent chez eux ! ».

Gisèle s'indigne, puis sourit. Comme à l'accoutumée, je la sens heureuse et pleine d'entrain de se sentir utile. Nous entrons bientôt dans Villeneuve-la-Garenne et sa zone HLM. Direction : le marché. Gisèle nous donne du courage par ces quelques mots qui pourraient être sa devise : « charbonnier, maître chez soi ! ». Je suis postée devant un marchand de tissu qui répond en arabe à quelques-unes de ses clientes. À moins de dix mètres de son étal, je dois distribuer des tracts du FN fustigeant le vote des étrangers…

L'opération est un succès. Comme mes collègues militants, j'opère une sélection au faciès et m'abstiens de tracter auprès des personnes de couleur.

Curieux, un homme s'approche, il ne mettra pas de bulletin FN dans l'urne lors des prochaines élections, mais apprécie la candidature de Marine Le Pen :

— Il faut toujours des emmerdeurs ! Ça booste les autres, ça fait peur à Hollande et à Sarkozy. Parce qu'à gauche comme à droite, ce sont des enfoirés, des voleurs patentés. Même les communistes ! Moi, je vote pour les Verts, ils ne sont pas mal, mais ils ne sont pas toujours réalistes. Allez, au revoir !

Et, alors que Gisèle annonce bien distinctement à chaque passant notre couleur politique, un habitant du quartier m'explique son parcours.

— J'ai été licencié plusieurs fois et je me suis retrouvé au chômage à 52 ans et ensuite rien, pas de boulot. J'ai été exclu par la société. Aujourd'hui, j'ai 63 ans et je suis dans la merde. Alors, que ce soit la gauche ou la droite, merci !

— Et vous avez cru en la gauche ?

— En 1981 oui, mais plus après, j'étais très déçu.

— Et vous continuez à voter ?

— Oui, mais je suis écœuré. Quand vous travaillez, vous n'avez que dalle, quand vous ne travaillez pas, vous avez tout ! Il y en a marre !

Il me montre du regard les habitants : « On leur file tout, ils ont tous les avantages sociaux, faut arrêter les conneries ! À Villeneuve, c'est 80 % d'immigrés ! Un de ces jours, ça va péter ! »

L'homme préfère partir, m'expliquant qu'il ne veut pas trop en dire. Sa colère est palpable, il prend la direction du café de l'autre côté de la rue.

Au bar-tabac, le sol est jonché de tickets de jeux, nombre de clients sont noirs ou maghrébins. Mes camarades de marché et moi-même trouvons donc un coin à l'écart pour nous réchauffer autour d'un chocolat. Sylvain et Gisèle se chamaillent, lui rit, elle paraît vexée. Malgré des cours d'informatique, la militante la plus dévouée du département ne parvient pas à envoyer les relances d'adhésions par mail.

— Mon intervenante est régulièrement absente et en plus c'est une Maghrébine. J'avais essayé un autre cours, résultat, c'était un Mohammed. Et les élèves sont de toutes les couleurs, je me sens vraiment isolée. Donc, si j'ai un problème avec le Front, je ne peux pas leur expliquer.

Puis, elle murmure : « Heureusement, j'ai deux comptes. »

— Mais je te rappelle que tu devrais être fière de défendre la France.

Sylvain s'affiche frontiste en famille comme au travail, fier de ses idées, fort de ses convictions. Il est naturellement investi pour les législatives en juin prochain, d'où sa proposition de rémunérer Gisèle pour ses actions militantes. Il m'explique :

— Comme elle abat un travail considérable, je peux la payer, je ferai passer l'argent que je lui donnerai sur mes comptes de campagne. Et comme je suis assuré de faire plus de 5 %, je serai remboursé par l'État.

Sylvain conseille à Gisèle d'aller se renseigner auprès de l'administration pour se déclarer comme auto-entrepreneur. Étant moi-même censée bénéficier de ce statut, je fixe ma tasse longuement, et me tais.

Au retour, l'ambiance est toujours propice aux taquineries. Gisèle avale un sandwich avant de se rendre avec Caroline dans l'après-midi à une manifestation des catholiques intégristes contre la pièce *Golgota Picnic*, montrant la figure du Christ couverte d'excréments.

— Mais tu crois en Dieu ?, lui demande Sylvain

— Oui, Monsieur, je suis catholique romaine, annonce fièrement ma voisine entre deux bouchées.

En fait Gisèle n'est que peu pratiquante et ne fait aucune différence entre la Fraternité Saint-Pie X et le Vatican. À la manifestation, elle se rendra « juste pour faire une mémère de plus. »

CHAPITRE 34

RENCONTRE AVEC UN MAIRE UMP QUI A VOTÉ LE PEN EN 2002

« Bravo Gabrielle ! Quel bonheur de voir que tu ne milites pas pour rien ! » « Bravo et encore plein de succès politique ». Les messages de Sylvain et du secrétaire des Yvelines sont sans équivoque. Gabrielle est à juste titre félicitée après avoir décroché un parrainage pour Marine Le Pen... Le maire d'une commune rurale des Yvelines venait en effet de me donner son accord par téléphone quasi-spontanément. J'espère alors pouvoir me rendre au rendez-vous avec le secrétaire fédéral des Yvelines, Philippe Chevrier, également membre du bureau politique et compagnon de la vice-présidente du Front. À ma grande déception, il se rendra seul en mairie de Mulcent. Il lui était impossible pour des questions d'emploi du temps de venir me chercher à une gare RER. Par ailleurs, comme j'avais jusqu'à présent toujours argué du fait que je ne possédais pas de voiture pour faire un maximum de trajets avec mes collègues militants, l'achat soudain d'un véhicule aurait intrigué. Je me contente donc de me rendre avec Sylvain aux rendez-vous décrochés auprès d'élus UMP dans les Hauts-de-Seine.

« Je vais t'emmener voir les maires, parce que tu présentes bien. Enfin, si tu es d'accord ? » Sylvain ne m'avait guère laissé le choix. Mais au fond, j'étais curieuse de connaître le discours des élus hors caméras sur le Front national. Sur les 36 maires démarchés dans le département, trois avaient accepté de nous recevoir.

Mardi 13 décembre aux alentours de 18 heures, j'attends à deux pas du périphérique Sylvain sur sa moto. Une demi-heure plus tard, Philippe Pemezec nous accueille dans son bureau du Plessis-Robinson et nous invite à prendre place sur les canapés.

— Asseyez-vous là, ce sera plus sympa, suggère le maire et vice-président du conseil général.

Les présentations faites, Sylvain s'informe : « quel était votre métier avant d'entrer en politique ? »

— J'ai une formation de juriste. J'ai été assistant parlementaire, ensuite chef de cabinet de Patrick Devedjian. C'est là que j'ai fait la connaissance de Jean-Yves Le Gallou. Il est d'ailleurs venu prendre un café ici même il y a deux jours.

Jean-Yves Le Gallou, ancien responsable du Front national et proche du GRECE, avait indiqué lors du lancement de sa fondation vouloir « affirmer sans complexe la supériorité de la civilisation européenne ». Opposé à toute forme de métissage, cet énarque prône le « racialisme différencialiste ». Pour Sylvain, il s'agit donc « d'un type brillant », dont mon secrétaire fédéral regrettait l'exclusion du parti. Mais si Jean-Yves Le Gallou a été un mégrétiste, remercié pour avoir soutenu le numéro 2 du FN, ses idées et surtout sa théorie de discrimination à l'égard des étrangers, rebaptisée « préférence nationale », sont plus que jamais d'actualité au Front. Que mon chef se rassure. Également ancien responsable du Club de l'Horloge, Le Gallou avait œuvré pour le rapprochement entre la droite et l'extrême-droite. Ses efforts ont, semble-t-il, porté leurs fruits.

Le ton particulièrement cordial de celui qui nous accueille n'en est que le premier indice. Les cafés arrivent, Monsieur le Maire fait le service.

— En tous cas, je suis très content de vous recevoir. Enfin, je ne vais pas forcément accéder à votre demande.

Philippe Pemezec nous reçoit donc « par délicatesse » et détaille :

— Je ne suis pas antifrontiste, au contraire. Je vote à droite, donc je ne me suis jamais trompé d'adversaire, voilà. Bon, je ne vais pas vous l'écrire, ni vous le dire par téléphone. Je vous reçois par correction d'abord, et puis par gentillesse, parce que c'est dans ma nature, mais je suis un homme de droite, résolument à droite.

Prenant le ton de la confidence, il confesse : « Au deuxième tour de la présidentielle, j'ai voté Jean-Marie Le Pen. Chirac, il était sûr de gagner. Je suis RPR de formation, j'ai fait mes études à Assas, donc je suis un garçon d'ordre. Je ne suis pas un dangereux gauchiste, mon camp c'est la droite. Je ne voterai jamais à gauche, les choses sont claires.

Sylvain sourit et tente diplomatiquement de faire avancer le dossier des parrainages, mais sans succès.

— C'est délicat de vous donner ma signature, parce que je vais être candidat dans ma circonscription et j'ai déjà une image de droite un peu dure que j'essaie d'attendrir, explique l'élu UMP.

Pourtant, la tentation de basculer vers le Front pourrait être grande pour Philippe Pemezec, qui nous rappelle avoir déjà rencontré « Marine » : « aux vœux du Conseil général, ma femme et elle avaient sympathisé ».

Et la candidate du FN est d'autant plus sympathique qu'elle véhicule des idées dont ce maire, anciennement souverainiste, se sent très proche

— Je suis contre l'entrée de la Turquie dans l'Europe, contre l'entrée des musulmans. Dernièrement, à l'occasion d'une crèche pour Noël, je remarque une femme voilée. Je salue son mari et puis je me dis : merde ! Je reviens la voir et j'ai du mal à contenir des élans de ce genre. Je lui dis : écoutez, Madame, vous êtes dans une mairie ici, c'est un lieu public, soyez gentille, enlevez votre voile. Le mari décide de partir. Je lui réponds : bonne idée, Monsieur. Puis elle revient me voir pour protester : vous fêtez Noël alors que nous sommes dans une République laïque. Là-dessus, je lui ai dit : Madame, je suis Français, de tradition catholique, vous ne croyez tout de même pas que je vais m'asseoir sur mon histoire, mes traditions, ma culture, pour me laisser envahir par la vôtre. Si vous n'êtes pas contente, quittez les lieux. Et je l'ai foutue dehors.

Le maire se met alors à siffler discrètement, pour encore mieux nous faire comprendre combien il avait réussi à faire déguerpir rapidement les indésirables. Sylvain s'imagine parfaitement la scène et savoure : « quel bonheur, ça doit faire plaisir... ».

— Ça m'a fait du bien, renchérit Pemezec en ricanant.

Cet élu UMP revendique également d'être l'un des rares maires à refuser la nourriture halal dans les cantines, mais ce n'est pas le seul sujet sur lequel Philippe

Pemezec est vigilant : je participe aux commissions d'attribution des logements sociaux à l'office départemental des Hauts-de-Seine. Et je peux vous dire qu'au Plessis, il n'y a pas beaucoup d'Arabes. Je fais très gaffe.

Sentant que la frontière entre cet ancien soutien de Charles Pasqua et le Front est plutôt mince, Sylvain l'encourage à couper ce fameux cordon sanitaire qui interdit toute alliance avec notre parti. Notre interlocuteur ne semble pas idéologiquement hostile à cette idée, mais il désigne d'un doigt accusateur l'écran de télévision posé à proximité.

— La télé, c'est un poison. C'est de la manipulation.

Pour des questions de pure communication, le Front doit donc encore être relégué hors des systèmes d'alliances, selon Philippe Pemezec. Par contre, il se dit tout à fait favorable à l'entrée de représentants de l'extrême-droite à l'Assemblée nationale.

Lui-même candidat aux législatives, il assure que, lors de son éventuel mandat à venir, il « n'hésitera pas à l'ouvrir » et espère que ses futurs collègues frontistes feront de même.

— En tout cas, je suis ravi d'avoir fait votre connaissance, nous assure-t-il en nous raccompagnant à l'ascenseur.

Pour tout remerciement, Sylvain le complimente sur sa ville, sans deuxième degré aucun : « On dirait le parc Eurodisney. »

— Allez, à bientôt !

— Oui, à l'Assemblée !

***

Après Eurodisney, notre prochain rendez-vous est fixé à Bois-Colombes, où « nous devrions être très bien reçus », à en croire Pemezec. Le profil du maire Yves Révillon est sensiblement identique à notre premier interlocuteur UMP, ancien souverainiste. Sceptique sur les sujets économiques comme son homologue du Plessis-Robinson, Yves Révillon est lui aussi en accord avec les idées du Front. Par ailleurs plus avare en anecdotes, il tient un discours sur les parrainages qui fait naître quelques espoirs chez le secrétaire départemental : « il y a deux solutions : soit Marine le Pen a ses 500 signatures sans problème, soit ce n'est pas le cas et 15 jours avant la date limite des dépôts au Conseil constitutionnel, prévenez-moi. Il est possible que des gens même encartés ailleurs vous donnent leur signature, non pas par adhésion au parti, mais parce qu'ils trouvent anormal qu'elle ne soit pas présente. Mais aujourd'hui vous êtes le parti qui fait peur à gauche comme à droite, donc je suis convaincu que le PS et l'UMP donnent des consignes pour que vous n'ayez pas facilement vos signatures ».

Néanmoins, Yves Révillon affirme n'avoir reçu aucune de ces prétendues consignes.

— Imaginez que Marine élimine le candidat Sarkozy, là vous vous direz peut-être : mon Dieu, pourquoi j'ai donné ma signature, demande Sylvain.

Le maire de Bois-Colombes ne répond pas immédiatement. « Bien malin qui peut dire aujourd'hui ce qui serait le plus souhaitable pour la France, en étant honnête. J'ai connu des chefs d'entreprise, et Dieu sait s'ils étaient de droite, qui disaient : heureusement que la gauche gagne, parce qu'on était mal barré. Parfois, il y a des chocs qui sont salutaires après tout » finit-il par lâcher. À demi-mot, le maire UMP venait donc de nous dire que finalement, une défaite dès le premier tour du candidat Sarkozy ne serait pas si dramatique. Un scénario sur lequel mes nouveaux amis tablent, bien sûr, avec en ligne de mire une possible alliance avec une partie de la droite. À cette alliance, le maire de Bois-Colombes est favorable, tant au plan local que national, puisque le Front n'est pas conforme à l'image qu'en renvoient les journalistes.

— On fait une caricature du FN. Or, comme dans tout parti, il y a 95% de gens normaux et quelques tordus. Je ne pense pas que le but du FN soit d'être élu et de zigouiller la moitié de la population, se rassure Yves Révillon.

Le maire tend la main à Sylvain, qui répond par un sourire. Le défenseur de la méthode forte contre l'islamisation n'a en effet rien à ajouter pour l'information de notre futur allié.

Chapitre 35

À la découverte de la fédération de Paris

Sentant que j'ai désormais fait le tour des militants de mon département et que, de surcroît, mon insistance à ne pas être candidate pourrait être problématique, je décide d'annoncer un déménagement à Paris. L'occasion de rencontrer un nouveau responsable, Hubert, déjà aperçu lors d'un bureau régional. Pull rose, la soixantaine élégante, ce retraité actif, ancien cadre dans la banque, consacre la plupart de ses après-midis à tenir la permanence du Front, rue Jeanne-d'Arc.

En ce mardi soir, il est seul et fait office de standardiste. Invitée à prendre place face à lui, je saisis quelques bribes d'une conversation entre le secrétaire fédéral adjoint de Paris et un futur électeur.

— Si Marine fait 25 ou 30 %, ce sera un grand coup de pied dans la fourmilière. Il faut faire voter Marine autour de vous, il faut donner un grand avertissement. C'est impératif ! Si vous saviez le nombre de personnes qui viennent de l'UMP pour adhérer chez nous, il y en a tous les jours ! Tous les jours !

Hubert repart ensuite de plus belle sur un thème qui les rassemble tous : l'islam. Mon changement de fédération ne va pas me faire entendre un discours différent, ni sur le fond, ni sur la forme.

— La religion catholique n'est pas une religion conquérante, contrairement à la religion musulmane. Il faut se rendre à l'évidence. Chez eux, les musulmans pratiquent et les autres se plient à leurs règles. Chez nous, c'est l'inverse, la religion catholique est attaquée par des Catholiques. Regardez, la pièce [*Golgota Picnic*] qui est en train d'être jouée, et ces soi-disant œuvres d'art. On se laisse marcher dessus, c'est la repentance permanente, jusqu'au jour où l'on tombera... Au Moyen-Orient, il n'y a presque plus de chrétiens et quand il en reste, ils se font persécuter, comme en Irak ou en Égypte. Si c'était l'inverse, si c'étaient des musulmans qui étaient persécutés, ce serait la révolution. Ils le disent eux-mêmes, on vous dominera lorsqu'on sera plus nombreux, et nous, on accepte. Donc le bon remède, c'est le bulletin de vote pour Marine. Au revoir, Monsieur, merci de votre témoignage.

L'homme avec qui Hubert vient de raccrocher est un déçu du président de la République. « Il est écœuré », précise mon interlocuteur qui, lui, s'est abstenu au deuxième tour en 2007.

— À l'époque, je dissuadais les gens de voter Sarko. Comme les sondages le plaçaient à 55 %, je me suis dit, c'est suffisant, il ne faudrait pas qu'il atteigne 58 ou 59 ! Dans le fond, je souhaitais qu'il soit élu, mais pas triomphalement. Je savais que sa politique allait nous mettre dans la mouise. La prospérité est impossible à obtenir en étant mondialiste. Mais si la gauche était passée, ç'aurait été encore pire, et puis aujourd'hui les gens se diraient : Sarkozy est un recours possible, ils le verraient comme un homme providentiel et il prendrait toutes les idées du Front.

Quant à Marine, il est un fan incontestable et se rend à l'occasion sur les plateaux de télévision pour applaudir cette « jeune femme belle, dynamique et dans laquelle beaucoup de femmes se reconnaissent ». Au banquet des Mille, le sourire radieux, Hubert était monté sur une chaise pour réaliser quelques clichés de son idole.

— Elle ne renie pas son père et elle a totalement raison puisque, sans lui, le Front ne serait pas ce qu'il est. Moi, antisémitisme ou pas, je ne rentre pas dans ces polémiques. Une fois, j'ai reçu un appel d'une personne scandalisée pensant que Marine Le Pen était prosioniste ! Je lui ai répondu : prosioniste ou pas, elle a suffisamment de quoi s'occuper en France pour ne pas se soucier de ce qui se passe au Proche-Orient. Qu'Israël veuille inviter Marine, c'est très bien. D'ailleurs, d'autres personnes m'ont signalé qu'elles étaient Juives et qu'elles voteraient Marine. Je leur ai dit merci, c'est tout. Et puis, pour gagner, il faut rassembler, être consensuel, enfin sans perdre notre âme, se reprend Hubert.

Adhérent depuis la fin des années 90, Hubert semble en effet ne pas trop se poser de questions, qu'il s'agisse de l'antisémitisme ou, en règle générale, du Front national. Après quelques considérations administratives, il aborde en effet une actualité télévisuelle que je feins d'avoir ignorée. Quelques jours avant notre entretien, France 2 avait programmé un documentaire intitulé « Marine Le Pen, l'héritière » de Caroline Fourest et Fiammetta Venner.

J'indique ne pas avoir compris pourquoi le Front avait protesté avant la diffusion de l'émission, lui faisant ainsi une certaine publicité. Hubert se fait alors pédagogue :

— C'était pour dissuader les gens de chez nous de regarder. Ma sœur, qui s'apprête à voter pour la première fois pour le Front national et donc pour Marine, quand elle a vu ça, elle était horrifiée. Et beaucoup de gens se sont fait avoir. Mais pourquoi faire un film à charge sur le Front national ? Pourquoi sur nous et pas sur les autres partis alors ? Mitterrand a quand même été décoré de la francisque...

Je ne saurai jamais si la sœur d'Hubert a changé d'avis sur son vote du 22 avril prochain. Le secrétaire fédéral adjoint de Paris s'est, lui, mis à l'écart de toute image ou de tout commentaire à caractère dérangeant ou éclairant... Il a su déjouer les pièges médiatiques et en est fier.

— C'était racoleur, m'explique-t-il. « Marine Le Pen l'héritière », quand vous ne savez pas qui est Caroline Fourest, vous regardez. C'est pour cela que le programme a été suivi par près de 1 200 000 téléspectateurs. Cette journaliste devait considérer qu'elle n'avait pas suffisamment vendu de livres, alors elle a réalisé un reportage.

— Mais ce type d'enquête, il y en aura toujours, fais-je remarquer à mon spécialiste des médias.

Il approuve d'un air désolé, me faisant remarquer que nous sommes tout de même en droit de protester. Aux yeux d'Hubert, Marine va, pour longtemps encore, dégager « cette énergie, cette sincérité que les autres n'ont pas » et qui font venir au Front ceux qu'il accueille chaque semaine à la permanence. Parmi eux : « les gens qui vous exposent leur cas, ce sont des cas sociaux. Ils viennent avec leur dossier, après avoir vu plusieurs avocats. Ils me demandent : “et Marine, elle pourrait médiatiser mon affaire ?” La seule réponse que je peux leur faire c’est : “nous ne sommes pas au pouvoir, quand nous y serons, les choses seront différentes.” Et il faut les écouter, parce que bien souvent ce sont des adhérents. Mais on ne peut rien faire. Alors pour les adhésions, je ne leur demande que 10 euros quand leurs revenus sont vraiment faibles. Mais tous veulent voir Marine ».

Quant à moi, je verrai Marine et je l’écouterai début janvier pour la galette régionale. Avant cela, je conviens de revenir une fois au forum de la rue Jeanne-d’Arc pour lier connaissance avec les responsables d’arrondissement.

CHAPITRE 36

RENCONTRE AVEC LES RESPONSABLES D'ARRONDISSEMENT DE PARIS ET LE « TRÉSORIER DU GRAND JACQUES, JACQUES DORIOT ! »

— Ah, Gabrielle, comment ça va chère amie ? En costume bleu marine, toujours extrêmement poli et de bonne humeur, Hubert m'embrasse. Chacun des responsables d'arrondissement présents est salué avec attention, les quelques femmes bénéficiant au passage d'une remarque galante.

— Je reviens d'un cocktail au Carré organisé après la conférence de Marine, le buffet était délicieux. Et les journalistes n'ont presque rien mangé, ils étaient là comme des mouches autour de Marine et de Jean-Marie, raconte Hubert, tout émoustillé de son après-midi.

Alors que la salle se remplit, je grimpe au premier étage en suivant mon nouveau chef pour de nouvelles salutations.

— Voici Paul de..., qui est notre trésorier bien aimé, très ancien, plus ancien que moi.

Malgré son âge, le vieil homme conserve un certain humour : j'étais déjà le trésorier du grand

Jacques, Jacques Doriot, pendant l'Occupation, c'est ce que disait Martial.

Hubert rit de bon cœur.

Jacques Doriot, d'abord communiste, puis fondateur d'un parti fascisant durant les années trente, a été un ardent défenseur de la collaboration. Initiateur de la LVF, il s'y est engagé dès sa création en juillet 1941. Quant à Martial, il s'agit probablement de Martial Bild, ancien secrétaire départemental du FN de Paris, aujourd'hui engagé auprès de Carl Lang au Parti de la France.

Nous ne nous attardons pas sur ces références historiques et passons à la visite complète des locaux. L'appartement que la fédération de Paris occupe aujourd'hui a été légué au Front national par une adhérente « qui avait fait exprès de choisir la rue Jeanne-d'Arc », m'explique Paul.

— Vous verrez, c'est agréable au printemps, les fenêtres donnent sur un petit jardin, me précise Hubert. Dans le bureau du trésorier du « grand Jacques », d'une douzaine de m², les peintures sont défraîchies, et les affiches, anciennes. Ce n'est pas Marine qui trône au-dessus de la cheminée, mais un vieux portait de son père, pour qui Paul a une véritable affection.

— Il a un sens de l'amitié que beaucoup peuvent lui envier. C'est quelqu'un de très fidèle. Et Paul en a la preuve : le « président et sa femme avaient eu la gentillesse de venir à la messe donnée en la mémoire d'une adhérente de ma circonscription ».

— Marie-Solange, tu la connaissais, Hubert ?

— Oui, je lui avais servi de chauffeur à l'occasion d'un repas avec Jean-Marie à Versailles. C'était le beau-frère de Marie-Sol, le comte de Monspé qui l'avait invitée.

— D'ailleurs, je viens de lire dans les annonces du *Figaro* qu'il était lui aussi décédé.

À côté du *Figaro*, traîne également sur le bureau de Paul un exemplaire des *Quatre vérités*, ce magazine dans lequel mon ex-secrétaire fédéral expose ses projets pour la France. La rubrique nécrologie refermée, je rejoins la salle principale où sont désormais réunis une quinzaine d'hommes et six femmes.

Hubert, Hélène, la secrétaire départementale et Paul sont installés à une grande table qui fait face à la vingtaine de chaises dépliées pour l'occasion. Arrondissement par arrondissement, les secrétaires doivent faire état du stock de tracts éclusé, à la centaine près, et Hubert distribue les bons et les mauvais points. Certains militants se font réprimander en public sans ménagement. Ce ne sont pas les bonnes volontés que l'on remercie, mais un devoir accompli que l'on salue ou un manquement « aux obligations militantes » que l'on dénonce.

Hélène fait une mise au point : « durant cette période électorale, la priorité est à donner aux tracts pour Marine. Nous ne sommes que des exécutants, les ordres viennent de tout là-haut et Dieu sait s'ils savent les donner. Mais, dans le XIIIe, la gare d'Austerlitz sera prochainement détruite, donc on peut communiquer sur ce sujet.

— Ils vont construire une mosquée, suggère un participant.

— Non, ce ne sera pas une mosquée, ce sera quelque chose de moderne, je ne sais pas quoi exactement.

— Une synagogue, tente à nouveau notre blagueur de la soirée.

Hélène n'entend pas et fait le point sur les législatives. Le problème de la parité est en passe d'être résolu, nous en avons discuté cet après-midi avec Steeve et Marie-Christine. Deux femmes seront investies prochainement, ce sont des candidates que la commission (des investitures) connaît. Je vous donnerai leur nom quand ce sera officiel.

Me voilà soulagée d'un poids, je ne devrais donc pas être sollicitée pour porter les couleurs du FN en juin. C'est du moins ce que je crois. Ma sortie du Front devrait se passer comme prévue, en douceur.

Le fin de la réunion approche et l'heure de la galette aussi.

« Je suis à vous, comme les sardines sont à l'huile », clame le mari d'Hélène, préposé à servir quelques verres de vin. L'approvisionnement en saucisson par Emmanuel vaut à ce dernier quelques applaudissements de l'assemblée. Quelques minutes plus tard, notre secrétaire fédérale devient reine d'un soir et, bonne joueuse, porte la couronne. Cette fidèle de Jean-Marie Le Pen aime raconter ses souvenirs de campagne :

— Pour les législatives de 2002, j'avais fait imprimer 40 000 tracts pour le neuvième arrondissement et j'avais payé 17 000 francs pour qu'ils soient distribués. Pas un tract n'a fini dans une boîte-aux-lettres. J'appelle le centre de tri à Villeneuve-Saint-Georges, vérification faite, on me confirme : les tracts sont toujours en souffrance à la Poste. Et puis on m'explique : Madame, c'est le syndicat SUD qui fait de la rétention, parce que leurs militants ne supportent pas le FN. Je réponds : mais c'est de l'escroquerie, mes tracts n'ont rien de porno. Mon interlocutrice finit par me dire : c'est désolant, mais nous ne maîtrisons pas les syndicats.

Et le lendemain, mes tracts ont été brûlés. Nous étions plusieurs candidats du Front dans ce cas-là, plusieurs dizaines. Martial Bild m'avait assuré qu'il porterait plainte, il ne l'a jamais fait. Conclusion, non seulement nous avons payé 40 000 tracts pour rien mais, en plus, il a fallu en commander en urgence 20 000 autres. Mon quatre pages a été réduit à un recto-verso. Et aucun média n'a relayé l'affaire, s'indigne Hélène.

Pour autant, notre secrétaire fédérale ne se décourage jamais, elle a déjà expérimenté quelques recettes qui pourraient facilement resservir dans les semaines à venir.

— Pour les parrainages, ce sera comme en 2002, j'irai mettre des cierges à Saint-Antoine. Je lui avais demandé : « Saint Antoine, vous qui trouvez tout, trouvez les signatures. » Mais le dimanche de Pâques, Jean-Marie ne les avait pas. Et puis coup de téléphone le lendemain midi, « tu peux déboucher le champagne ! » C'était Jean-Marie. Je lui réponds : « de là où je suis, je vois le fort de Brégançon, je trinque à ce que tu y sois. » Il me dit : « moi aussi je vois la mer, mais de mes chiottes ! »

Hélène sourit un peu gênée : ah, c'est Jean-Marie...

Un président pour lequel elle a récolté les parrainages avec plus ou moins de succès selon les années, les élus rencontrés et les méthodes employées.

— Il ne faut tout de même pas oublier que certains maires ne sont pas contre de petites enveloppes. Et encore, dans les Yvelines, que j'avais arpentées en long, en large et en travers, qu'est-ce que j'avais pu acheter comme produits de la ferme, des poulets, des canards, des œufs... Tout ça pour que le maire me dise : « tout compte fait, je retire ma signature, parce que ma femme n'est pas d'accord ».

À ce stade, le nombre de promesses de parrainages obtenues par la candidate d'extrême-droite est inconnu de la plupart des militants, mais le responsable du IVe arrondissement, qui se dit proche de Florian Philippot, affirme que le Front n'aurait que 220 à 230 engagements d'élus.

Il est convaincu que le PS et l'UMP ont décidé de barrer la route au FN dès le passage au Conseil constitutionnel. Le moral des militants me semble néanmoins au beau fixe. Hubert est d'ailleurs plein d'entrain : alors que je m'éclipse, il se lance dans un mix entre Alain Bashung et Johnny Halliday, chantant : « Gabrielle » ! Je viens d'être adoptée par mes « nouveaux amis ».

Chapitre 37

Il est temps de partir

Lorsque je me présente au rendez-vous, j'ignore à cet instant que je ne reviendrai plus au Front. Pour ce dimanche, j'ai encore prévu une réunion au Carré en présence de la vice-présidente du FN. Mais la militante modèle que je suis devenue va bientôt devoir inventer une nouvelle excuse pour m'éloigner de mes camarades.

Dans la voiture qui m'emmène aux docks d'Aubervilliers, je retrouve Sylvain, bien sûr, et Henri, la mine grave. À peine suis-je installée qu'Henri m'annonce qu'il vient de perdre sa mère, il y a quelques jours. Cet homme d'une cinquantaine d'années, d'apparence très timide, a aujourd'hui besoin de s'exprimer et se livre sans pudeur sur son chagrin. Je le connais à peine, pourtant il me donne des détails intimes sur les événements qu'il affronte. Plus tard, Sylvain m'apprendra son histoire familiale douloureuse. En attendant, notre chauffeur change de sujet et nous rappelle qu'un comité d'accueil du NPA nous attend.

— Mais il y aura des CRS, et ils vont laisser jouer la démocratie, annonce Sylvain d'un ton ironique.

Comme d'habitude, les flics ne vont rien faire, donc en face, ils peuvent passer aux actes, d'autant que la présence des caméras peut les exciter.

Je sens Sylvain prêt au combat. Finalement, nous empruntons une deuxième entrée sans essuyer d'insultes.

La salle peut contenir plus de mille personnes, mais je constate avec satisfaction qu'on aurait pu aisément rajouter plusieurs tables. Déjà installée et toujours fidèle au poste, Gisèle me paraît seule.

— Bonjour Gisèle, merci pour tes vœux. Bonne année à toi aussi. Ça va, les fêtes se sont bien passées ?

— Oui, calmement. Le voisin du dessus m'a fait un dégât des eaux. C'est un tocard, celui-là ! Et puis on a eu une panne d'ascenseur durant trois semaines, parce qu'un des occupants du sixième a martyrisé les portes et, bien sûr, ça a cassé, on en a pour 1 600 euros de réparation. C'est un Arabe, un Maghrébin qui a fait ça, et il n'est pas propriétaire, donc le montant des réparations, il s'en fout. Sinon, il y a des Français dans l'immeuble qui sont beaucoup mieux que ça. Le Maghrébin, en plus, il parle comme un loubard de banlieue. Et toi, tu as déménagé ?

— Non pas encore, c'est pour la fin du mois.

— Ah, très bien. Autrement, tu n'as pas croisé Loïc ?

— Non, mais si je le vois, je lui signale que tu l'attends.

Gisèle craint de manger seule, elle n'a pas engagé la conversation avec ses voisins qu'elle ne connaît pas. À l'aise sur les marchés, elle me paraît maladroite dans ses contacts humains et finalement timide.

— Sylvain, ta meilleure militante est déjà arrivée, lancé-je à mon secrétaire départemental.

— Ah, mais on est fâchés, et cette fois-ci sérieusement. Elle trouve que je la critique trop. D'ailleurs, si tu peux agir pour la faire revenir dans le giron, ce serait pas mal.

— Méfie-toi Sylvain, des militants comme Gisèle, il n'y en a pas pléthore !

— Oui, t'as raison.

Sylvain avait donc continué non seulement d'énerver, mais surtout de blesser Gisèle gratuitement. La susceptibilité de cette femme était pourtant facilement décelable. Il n'était pas bien compliqué de savoir quelles étaient les limites à ne pas dépasser. Ne voulant pas m'attarder sur le manque de tact de celui qui est encore mon « chef », et apercevant la silhouette imposante de Guillaume quelques mètres plus loin, je salue mon camarade de Nice :

— Ah bonjour, Gabrielle, ça te va bien, les cheveux courts.

— Merci, bonne année.

Spontanément, il me propose de m'installer à sa table. J'accepte en prenant le temps d'aller me présenter une nouvelle fois auprès de Philippe Chevrier qui ne me reconnaît pas.

— Bonjour Monsieur, mes meilleurs vœux, je suis Gabrielle Picard.

— Ah, notre sauveur, si je puis dire. Bravo !

Je proteste mollement.

— Si, si, vous avez tout fait, vraiment, c'était sympa.

Nouvellement auréolée du titre de sauveur du Front, je tente vainement de récolter quelques informations sur les signatures en Île-de-France. En vain ! Je devrais en savoir plus demain soir.

Inutile de m'attarder, je rejoins Guillaume, passé quelques minutes plus tôt par l'entrée principale.

— La manif, c'était le truc habituel : les communistes, les écolos, les femmes voilées... En arrivant, j'ai dit à un flic : « Là, ce sont des gens qui n'aiment pas la démocratie. » Il m'a répondu : « Oui, c'est le 93. » Effectivement, c'est pro-Palestinien et compagnie. Bon, comme ça, ils ont l'impression d'exister, mais ils ne sont pas du tout dans un discours démocratique.

Un discours démocratique, j'ignore la définition que Sébastien pourrait vraiment en donner, lui que rien ne choque, pas même les propos révisionnistes tenus à Nice. C'est alors que Marine Le Pen fait son entrée sous les applaudissements. Certains de mes voisins montent sur leur chaise pour apercevoir la présidente. Le « sauveur du FN » s'abstient.

— Le politiquement correct, qui consistait à ne pas voter FN, maintenant les gens le balaient d'un revers de main. Leur réponse, c'est « tu m'emmerdes », parce que dans le fond, ils ont l'impression qu'on leur a bridé la parole, poursuit Guillaume.

Je laisse Henri sortir enfin de son silence.

— Tu penses que Marine fera un bon score ?

— Le premier sondage de l'année vient de paraître. Selon le *JDD*, Marine perd un point, Sarko est à 26 et Hollande à 28. Mais désormais les sondeurs ne corrigent plus les intentions de vote du Front, puisqu'ils estiment qu'un tabou est tombé. Néanmoins, il peut toujours y avoir des gens qui n'osent pas avouer qu'ils votent Front national.

— Il faut aussi regarder le taux d'indécis, fais-je remarquer.

— Il est aux alentours de 30 %, mais de toute façon, les gens qui sont pro-Montebourg vont se dire : autant voter utile ! Mieux vaut voter pour une nana qui sera au second tour que pour un mec comme Mélenchon qui fera 5 %. C'est pour ça que je suis très optimiste. Aujourd'hui nous sommes comme dans *Matrix* où tu peux avoir une pilule bleue ou une pilule rouge. Tu peux connaître ou non la vérité. Si tu veux continuer d'être dans le déni, surtout, il ne faut pas écouter un discours de Marine.

Face à Guillaume, Henri semble épaté devant la facilité et l'aisance de son interlocuteur, dont il ponctue le discours par des « ah oui ! » admiratifs. Il reprend tout de même :

— Et puis, quand on ferme une usine, on voit les députés-maires manifester, alors que ce sont eux qui sont responsables. Mais on devrait les pendre ces gens-là, c'est incroyable !

— Bien sûr, et puis il y a des événements qui n'ont rien à voir avec la politique, mais qui ont favorisé une prise de conscience sur beaucoup de sujets : ce sont les déboires de l'équipe de France avec Raymond Domenech. Pendant quatre ans, il a fait n'importe quoi, à 80 % les Français souhaitaient son départ. Et les responsables, les médias, disaient : Attendez, vous allez voir ce que vous allez voir. Et un couvercle de plomb a été mis sur cette question. Et on a vu le résultat, on s'est fait humilier par des « petites » équipes et puis les joueurs réclamaient de la nourriture halal lors des banquets...Voilà ! explique encore Guillaume.

Je ne saisis pas bien en quoi les défaites de l'équipe de France peuvent m'éclairer sur la situation politique actuelle. Je devine qu'il s'agit de démontrer qu'un pourrissement de la situation débouche sur des revendications communautaristes. Mais le raisonnement de Guillaume va-t-il jusque-là, je l'ignore puisqu'arrivent de nouveaux militants qui s'attablent. La conversation se concentre alors sur la galette et la recherche d'un couteau. Coupée, distribuée, mangée, la galette désigne une reine, Karine, et un roi, Guillaume, toujours aussi bavard.

— Ruquier, son record d'audience, ce sera quand il recevra Marine. Le CSA ne lui laisse pas le choix. Et puis, Marine ne fait plus peur. Le système se retourne contre ceux qui refusent par principe de l'inviter. Mais comme le mettait la fille là-bas sur son mur Facebook (Julien me désigne une table à quelques mètres de nous), c'est la « Té Lévy Sion » !

Guillaume et Henri sourient, je ris nerveusement.

— Donc, continue Guillaume, ils sont bien dans leur système et, quand on connaît les salaires de ces gens, on comprend pourquoi ils ne veulent pas voir disparaître le système. Drucker : 38 000 euros, Ruquier : 40 000. C'est le Paris qui bruisse, ce sont les dîners en ville, et tous ces gens-là finalement n'aiment pas le peuple !

— Et ce qui est honteux, c'est qu'il s'agit du service public. C'est nous qui les payons, s'insurge François. C'est complètement ahurissant !

— Et ils ne voient pas les changements qui s'opèrent en France. Ce sont eux qui ont toujours refusé de recevoir Le Pen, qui ont voté Chirac. Mais aujourd'hui, avec le positionnement de Marine côté peuple, ces élites nous voient progresser et elles se pincent le nez en se disant : c'est la plèbe !

Je fais alors remarquer que, de toute façon, le jour du scrutin, plèbe ou pas, les bulletins de vote seront comptabilisés de la même manière, que l'on soit chômeur, élu, ouvrier ou chef d'entreprise.

— Mais autour de moi, plusieurs personnes pensent comme nous, mais elles n'iront pas voter, regrette François.

— Pourquoi ?

— Parce qu'elles ne sont pas inscrites sur les listes électorales, par exemple.

— Comme ma fille cadette, explique Monique. Elle est écolo. Quand elle m'a annoncé qu'elle n'était pas inscrite, je me suis dit : tant mieux ! Mais je voudrais qu'elle se renseigne. Il faut que les gens lisent le programme de Marine. Quand j'annonce que je vote FN, on me répond encore que le Front veut exterminer les juifs !

— Ce que les gens sont bêtes ! s'exclame mon voisin. Ce qu'il faudrait surtout, c'est qu'ils rencontrent des personnes engagées au Front national.

Ma voisine de gauche, Stéphanie, nous fait alors part de sa mauvaise expérience récente au Carré : « J'ai vraiment été mal reçue. C'est dommage qu'il n'y ait pas une permanence d'accueil du public. »

— Évidemment, il faudrait que les gens soient aimables, souligne encore Henri.

Je sens que pour cet homme si timide, si peureux, l'amabilité peut être cruciale. Sans doute parce qu'incapable de répondre, de passer outre ou de se défendre, il ne supporte pas que l'on soit incorrect à son égard. Je soupçonne que quelques incivilités peuvent prendre une importance démesurée, voire être vécues comme une agression. De cette impossibilité à dépasser cette peur des autres, de cette fragilité finalement, venait peut-être en partie le racisme dans lequel il se confortait. La peur des autres, je l'éprouve aussi en regardant – une dernière fois en tant que militante du Front – « mes camarades » applaudir leur présidente monter sur scène. La musique devient assourdissante, les drapeaux s'agitent. Guillaume et Stéphanie se précipitent près du pupitre pour immortaliser l'instant. Mes voisins scandent « Marine présidente », j'applaudis mécaniquement celle qui est censée incarner mes espoirs.

— Mes chers compatriotes, […] Nous voici donc en 2012, réunis pour ce premier grand rendez-vous de la campagne présidentielle, cette année, l'année de tous les possibles. […] Cette présidentielle est différente des autres. [Ce] choix déterminera pour longtemps, l'avenir […] de notre nation et peut-être même sa survie en tant que peuple et pays libre, indépendant et souverain.

La dramatisation faite, Marine Le Pen enchaîne sur les craintes de déclassement des Français moyens, puis sur son thème favori, la préférence nationale : « Il faut donc aussi se poser la question du logement, l'autre préoccupation essentielle de la France des oubliés. […] Il faut avoir le courage de poser la question de l'accès au logement social et la question de la priorité nationale dans l'habitat social. » Comme à son habitude, le public du Front applaudit chaleureusement ces propositions visant à exclure les étrangers de toute politique sociale. « N'en déplaise à certains, et quelle que soit leur origine, les Français doivent avoir une priorité au logement social. En jouant la carte hypocrite d'une pseudo-générosité avec la Terre entière qui consiste souvent à donner la priorité à des familles tout juste débarquées sur notre territoire et parfois même illégales, parce que polygames, on asphyxie le logement social. » Cette fois, les militants se déchaînent, les bravos pleuvent. En conclusion, la présidente du FN rappelle cette célèbre citation d'Émile Zola tirée de « J'accuse » : « La vérité est en marche et rien ne l'arrêtera ! » La vérité est qu'Émile Zola signait le 13 janvier 1898, avec sa fameuse lettre ouverte au président de la République publiée dans le journal *L'Aurore*, l'un des textes les plus importants dans l'histoire de la lutte contre l'antisémitisme. La vérité est que ce fils d'immigré italien, devenu l'un des plus grands auteurs français, avait par ce texte défendu l'honneur d'un colonel juif, condamné à tort, par le seul fait qu'il était juif. Guillaume et sa « té Levy Sion » avaient-ils vu l'énormité de la référence dans la bouche de la représente de l'extrême-droite ? J'en doute. Henri, qui avait trouvé cette réécriture de télévision si juste, avait-il apprécié que sa présidente donne ainsi un nouveau gage pour affirmer la normalisation de son parti ? J'en doute également. En revanche, à écouter Philippe, rencontré à la fédération de Paris quelques jours plus tôt, je perçois que les non-dits du discours de Marine Le Pen n'échappent pas à tous les militants.

Je lui fais part de ma satisfaction après l'intervention de notre candidate.

— Elle a été très concrète et, en même temps, elle s'est gardée de prononcer le terme d'islam ou de musulman.

Réponse de Philippe, avec un sourire entendu : « Oui, et c'est très bien pour les médias, le message va passer. Comme ça, les gens vont écouter ce que Marine a à dire, sur le logement par exemple. »

Satisfaction aussi du côté de Nadine, également engagée à Paris : « Le discours était parfait. C'était ce que j'attendais. »

— Elle frappe juste, commente aussi David Rachline, l'un des conseillers de Marine Le Pen. Il m'est présenté par Dominique Joly, ce responsable départemental qui avait regretté lors d'un bureau régional que le nom de Cohen ne soit pas porté que par une seule personne.

— David s'occupe d'internet pour Marine. Et il est aussi élu municipal comme moi.

— Je suis élu à Fréjus et conseiller régional en PACA.

— Dans ce fief du FN et ailleurs, dans le Nord ou en Alsace, vous pensez que le Front a des chances d'avoir des députés ?

— Par exemple, à Fréjus, lors des dernières cantonales, j'ai obtenu 39,5 % au premier tour, soit cinq points de mieux que le sénateur-maire et j'avais 23 ans. Au second tour, j'ai eu 48 % des voix. Donc, ça pouvait basculer. Ça se joue à quelques voix dans de nombreuses circonscriptions, c'était déjà le cas à Marseille et à Nice. Donc si Marine arrive au second tour, alors là, on fera élire cent députés peut-être.

David Rachline adopte un ton très sérieux, l'hypothèse d'une centaine d'élus FN à l'Assemblée lui semble tout à fait plausible, comme à son acolyte, Dominique, également candidat. Quand je leur demande s'ils sont favorables à des alliances, je sens que le sujet n'est pas le bienvenu.

— Moi, je compte les frontistes pur jus. Mais pour sauver leur tête au dernier moment, certains voudront rallier le navire. Quoi qu'il en soit, nous suivrons les instances dirigeantes. Je n'ai pas d'états d'âme, indique encore Dominique, qui s'apprête à saluer Steeve Briois.

— Tu connais la charmante Gabrielle ?

— On ne connaît qu'elle, me lance très courtoisement le secrétaire général du Front. Enchanté, tous mes vœux pour cette nouvelle année.

— Tous mes vœux également.

Il happe ensuite Dominique. Un moment seule, et me voilà abordée par le responsable des jeunes de Paris. Matthieu me reconnaît, nous nous sommes croisés sur un marché il y a quelques mois.

— Je cherche une suppléante pour les législatives. Est-ce que ça vous intéresserait ?

Le cauchemar des législatives n'est donc pas terminé.

— Je ne sais pas, vous me prenez au dépourvu.

— En fait, comme j'aimerais bien avoir une suppléante qui fasse aussi campagne et que je sais que vous êtes une bonne militante...

— Heu... Je vais vous laisser mon mail. Attendez, je n'ai pas de stylo.

Emmanuel, le responsable du XIIIe arrondissement, s'invite dans la conversation : « Aujourd'hui, on n'utilise plus de stylo, on met tout directement sur son portable. » Je ne relève pas. Un militant assez âgé me prête de quoi écrire. « Vous verrez, la campagne, c'est sympa comme tout ! »

Matthieu, apercevant sa secrétaire départementale, l'interpelle : « Hélène, je te présente une dame... »

Hélène l'interrompt tout sourire : « Mais on se connaît, avec Gabrielle ! »

Elle m'embrasse.

— J'aurais aimé qu'elle soit ma suppléante, explique Matthieu.

— Non, je ne veux pas. Gabrielle, je voudrais que vous soyez candidate !

Ce n'est plus un cauchemar, mais un enfer ! Commence alors pour moi un moment de solitude mémorable. Hélène est tout sourire, elle adopte le ton de ceux à qui l'on n'ose pas dire non, un ton quasi-maternel. Je suis cette fois tétanisée. Je réalise en effet que ma pseudo-candidature a déjà été avalisée cette semaine sans mon accord préalable par la vice-présidente du Front, Marie-Christine Arnautu, le secrétaire général, Steeve Briois, également membre du bureau exécutif, et les deux responsables de Paris, dont Annie, une amie personnelle de Jean-Marie Le Pen. Je tente tout de même d'exposer quelques arguments, même si je sens très vite que la cause est perdue.

— Mais se présenter sur Paris alors que je ne suis pas ancrée sur un arrondissement...

— Ça n'a aucune importance, me rassure immédiatement Hélène.

Mon ancien responsable vient de se rapprocher du petit groupe que nous formons désormais et ne trouve rien de mieux à dire qu'en l'état actuel des choses, il ne faut pas hésiter à me présenter.

— Je pensais que vous aviez tous vos candidats déjà...

— On manque de femmes. Mais ne vous inquiétez pas, Gabrielle, on vous épaulera, je vous mettrai dans une circonscription pas trop difficile, je ne vais pas vous présenter dans le XIXe où ce sera la bagarre. Pas du tout.

Annie est sans doute tout aussi sincèrement gentille et attentive que moi totalement désemparée.

Emmanuel insiste :

— Tu ne seras pas toute seule. Tu verras, tu seras vraiment entourée, coachée. On ne va pas te laisser dans la nature. On fera la campagne avec toi.

— Mais ça me pose des problèmes familiaux, notamment avec ma sœur.

— Tu prends ton deuxième prénom et ton nom de jeune fille.

— Mais ma sœur, elle le connaît par exemple mon deuxième prénom.

— Non, mais enfin, Gabrielle, reprend Hélène. Vous devez vivre votre vie. Et puis vous verrez. Vous allez affirmer vos convictions et ensuite, ça ne changera rien.

Le vieux militant approuve. Philippe a lui aussi suivi nos échanges.

— Une femme intelligente ! Il sourit.

— Mais oui, Gabrielle. J'ai une réunion régionale demain soir. La nuit porte conseil, donnez-moi votre réponse demain. Je vous veux comme candidate, conclut Hélène.

Hubert arrive et lance un regard interrogateur, Hélène lui adresse un « on aura sa réponse demain ». Elle me fait un clin d'œil, puis rejoint la sortie. Je suis sonnée, mais espère ne pas avoir blêmi. À cet instant, je sais qu'il me faut d'urgence déguerpir avant d'avoir à délivrer un extrait de casier judiciaire qui ne correspondrait pas à la Gabrielle Picard que les militants connaissent. Le piège pourrait vite se refermer sur moi. La commission d'investiture se réunit dans quelques jours.

En attendant, je rejoins le hall où m'attend Karine.

— Tu te présentes ?

Embarrassée, je ne sais quoi lui répondre :

— Je réfléchis encore, et toi tu es candidate ?

— Oh, je suis toute jeune dans le parti !

Je sais que Karine a adhéré avant moi, mais je ne le lui fais pas remarquer. Sylvain ne lui a rien demandé pour les élections législatives, mais je sens qu'elle aurait sans doute été flattée d'une telle proposition. Auprès de l'infiltrée, on insistait pour qu'elle représente les couleurs du Front, alors qu'à Karine, militante dévouée et sincère, rien de tel.

Sylvain arrive enfin. J'ai à la fois hâte que cette journée se termine. Je réalise que je devrai partir comme une voleuse, contrairement à ce que j'avais envisagé et souhaité lors de mes premières semaines d'immersion.

— Annie m'a prise au dépourvu.

— Mais toi, qu'est-ce que tu en penses ?, me demande Sylvain.

— Je ne sais pas.

— En fait, il faut faire son expérience. Regarde, les étudiantes qui sont venues à Boulogne-Billancourt, elles sont sorties de la réunion en me disant : mais en fait vous êtes des gens normaux. Elles s'attendaient à voir des monstres. Il faut se rendre compte par soi-même. Sois candidate, tu verras ce que c'est !

Je pense alors : et toi Sylvain, as-tu eu cette curiosité de t'intéresser à l'islam autrement que sous le prisme du fondamentalisme ? Es-tu allé te rendre compte par toi-même auprès de musulmans de la manière dont ils vivent leur religion ?

Henri est également à nos côtés, mais la conversation ne concerne que Sylvain et moi.

— Tu savais qu'Hélène allait me le proposer?

— Non, mais ça ne m'étonne pas du tout, franchement, pas du tout. Même si elle avait trouvé toutes ses candidates, forcément dans le lot, il y en aurait eu au moins une qui ne lui aurait pas plu.

— Mais elle ne me connaît presque pas...

— Oui, mais il y a un look, tu te regardes dans un

miroir et tu comprends pourquoi elle préfère t'avoir toi, plutôt que quelqu'un d'autre. Le physique, ça compte aussi, indépendamment de ce que tu dis, et en plus tu parles bien. Par ailleurs, les gens aiment avoir des candidats et candidates jeunes. Donc, il faut se présenter, si ça plaît on recommence, sinon on arrête. Pendant la campagne, tu peux te désister. En conclusion, le seul souci, si tu veux être candidate, c'est ta sœur, toi tu n'as aucune raison de dire non.

Sylvain n'en démord pas. Pour la première fois de cette expérience, il se montre agacé par mon attitude.

— Tu sais, je milite déjà beaucoup...

— Mais je préfère une bonne candidate qui ne milite pas plutôt qu'une mauvaise candidate ou une absence de candidate. Non, mais t'es marrante, toi, c'est pour ça que tu as quitté les Hauts-de-Seine, c'était pour ne pas être candidate ? Il rit.

La bonne candidate n'en peut plus ! Oui, Sylvain, j'ai déménagé pour que tu ne me mettes pas d'office sur les listes des législatives, comme je pressentais que tu en serais capable. Sylvain me fait aussi valoir qu'il me sent tout à fait apte à répondre aux médias, l'occasion pour Henri de se féliciter de l'interview qu'il vient de donner à *Libération.*

— Le journaliste était très sympa, note Henri avec autant de naïveté que de sincérité.

Sylvain est plus méfiant :

— Oui, ils peuvent l'être, mais il faut voir ce qu'ils écrivent. Au moment du contact, ils le sont, sympas, c'est après...

Je m'enfonce alors dans mon siège en silence. Nous quittons le parking, croisant un policier déployé pour l'occasion. Henri nous apprend que des journalistes auraient été molestés par des manifestants anti-FN, ce qui cette fois réjouit Sylvain.

— C'est très bien, parce qu'il ne faut pas qu'ils ne soient que des observateurs, il faut qu'ils voient ce que c'est, pour de bon.

Voir, écouter, tenter de comprendre sans pour autant excuser des propos, des idées, une idéologie : c'était en effet l'objectif que je m'étais fixé. Avais-je été plus qu'une observatrice ? Sans doute, puisque j'étais devenue pour certains presque une amie. À cet instant, je sais précisément que je vis mes dernières heures d'observation avec eux, je ne craque pas et reste comme à l'accoutumée cette Gabrielle qui me fait honte, mais les réflexions de Sylvain, avec une fois de plus des relents racistes, me confortent dans ma démarche.

— Quand nos musulmans favoris brûlent le drapeau français et sifflent la Marseillaise, les CRS ont la consigne de ne pas intervenir. Leur rôle est dissuasif. C'est tout. Je te laisse là ?

Nous sommes arrivés dans le quartier d'Henri, à Clichy. En ce dimanche, les rues ne sont pas désertes, plusieurs commerces sont ouverts, une boucherie halal, une épicerie également. Sur le trottoir, des personnes d'origine maghrébine discutent, il n'y a aucun attroupement suspect, aucun gyrophare de police qui laisserait penser qu'un incident vient de se dérouler. Rien que de l'ordinaire, rien qui soit inquiétant ou dangereux.

— Je vous dis à la prochaine si je ne me fais pas égorger, nous lance Henri en descendant du véhicule. Il plaisante à peine. Arrivé dans sa rue, il semble réellement avoir peur, regardant autour de lui au cas où un agresseur surgirait pour le dépouiller, ou pire.

— Mais tu sais te défendre. Tu sais comment faire, tu cours, lui conseille gentiment Sylvain.

Henri claque la portière, le prochain arrêt sera pour Neuilly. Je ne peux rien leur dévoiler, pas même leur dire au revoir convenablement. Je suis censée être avec Sylvain demain au Carré et avec Karine dimanche pour une deuxième galette.

— Merci encore, au revoir Sylvain, au revoir Karine ! Bonne soirée !

— À demain !

— Au revoir, Gabrielle !

CHAPITRE 38

ÉPILOGUE

Ce lundi 9 janvier, le rendez-vous est fixé à 18 h 50 à la sortie du périphérique, notre point de rencontre désormais habituel. Sylvain n'a pas eu le temps de lire le message envoyé ce matin. Il me téléphone à l'heure dite, alors que je suis encore chez mon éditeur...

— J'ai de gros problème personnels, je suis désolée, Sylvain.

— Bon courage alors, à la prochaine ! »

Aucune question sur la gravité des soi-disant problèmes, ni sur leur nature. Il enfourche sa moto pour le Carré, et je m'apprête à aller sauvegarder des données chez des proches. Depuis la proposition appuyée d'Hélène hier, rester un jour de plus au FN est inenvisageable. Je quitte donc le FN sur un simple mail envoyé à Sylvain dans lequel j'évoque des problèmes personnels. Le lendemain, mardi, à 15 h 40, je reçois un message d'Hélène qui me dit attendre impatiemment ma réponse pour les législatives. « J'espère que vos problèmes ne sont pas trop graves. » Encore une fois, je rédige un mail pour clore la page du militantisme frontiste. Cette fois-ci, définitivement.

Pour vous tenir informé des prochaines publications
des Éditions Jacob-Duvernet,
contactez Louis de Mareuil :
louis.demareuil@editionsjd.com
01 42 22 63 65

ou rendez-vous sur le site
www.editionsjd.com

Cet ouvrage a été imprimé en France
par CPI Bussière
à Saint-Amand-Montrond (Cher)
en février 2012

ISBN : 978-2-84724-384-0
N° d'impression : 120421/1.
Dépôt légal : février 2012.